弘深·科学技术文库

融合多源异构数据的
推荐与检索

冀振燕 刘吉强 冯其波 何世伟 著

重庆大学出版社

内容提要

本书介绍了解决信息过载问题常用的两种技术:推荐引擎和搜索引擎。为了有效提高推荐和搜索的精确度,融合多源异构数据成为重要手段,不同来源和不同结构的数据含有不同的语义信息,数据的融合为推荐和搜索提供了更丰富的语义,有效提高了推荐和检索的精确度。本书基于作者团队多年的研究成果,介绍了推荐和检索领域的最新发展、常用的技术和算法,提出了融合多源异构数据的推荐模型、跨模态的检索模型。本书的内容反映了本领域的最新发展。

本书可供研究融合多源异构数据技术、个性化推荐技术、跨模态检索技术的科研人员、公司研发人员、高等院校研究生阅读参考。

图书在版编目(CIP)数据

融合多源异构数据的推荐与检索／冀振燕等著. --
重庆:重庆大学出版社,2022.6
ISBN 978-7-5689-3367-4

Ⅰ.①融… Ⅱ.①冀… Ⅲ.①数据检索 Ⅳ.
①G254.926

中国版本图书馆 CIP 数据核字(2022)第 106651 号

融合多源异构数据的推荐与检索
RONGHE DUOYUAN YIGOU SHUJU DE TUIJIAN YU JIANSUO
冀振燕 刘吉强 冯其波 何世伟 著
策划编辑:苟荟羽
责任编辑:苟荟羽 版式设计:苟荟羽
责任校对:谢 芳 责任印制:张 策
*
重庆大学出版社出版发行
出版人:饶帮华
社址:重庆市沙坪坝区大学城西路 21 号
邮编:401331
电话:(023)88617190 88617185(中小学)
传真:(023)88617186 88617166
网址:http://www.cqup.com.cn
邮箱:fxk@cqup.com.cn(营销中心)
全国新华书店经销
重庆升光电力印务有限公司印刷
*
开本:720mm×1020mm 1/16 印张:11.75 字数:169 千
2022 年 6 月第 1 版 2022 年 6 月第 1 次印刷
印数:1—1 000
ISBN 978-7-5689-3367-4 定价:88.00 元

前　言

　　随着互联网和移动设备的飞速发展,数据量与日俱增,如何在海量数据中快速获得所需要的信息已成为当前电子商务等领域研究的热点学术问题,该问题的解决不仅具有学术价值,还将提高电子商务、气象、新闻、旅游等行业服务客户的精准性,为其带来商业价值和社会效益。为了解决信息过载问题,最常用的两种技术是推荐引擎和搜索引擎。推荐引擎倾向于没有明确目标或目标模糊,通过用户的历史行为、用户的兴趣偏好或用户的人口统计学特征进行推荐,生成用户可能感兴趣的项目列表,用户比较被动;搜索引擎倾向于明确的搜索目标,可以将对信息的查询转换为精确的关键字,搜索后返回给用户搜索列表,用户可以对这些返回结果进行反馈,用户具有主动性。为了有效提高推荐和搜索的精确度,融合多源异构数据成为重要手段,不同来源和不同结构的数据含有不同的语义信息,数据的融合为推荐和搜索提供了更丰富的语义,有效提高了推荐和检索的精确度。本书基于作者团队多年的研究成果,介绍了推荐和检索领域的最新发展、常用的技术和算法,提出了融合多源异构数据的推荐模型、跨模态的检索模型,反映了本领域的最新发展。

　　全书分为八章:第 1 章绪论。介绍了推荐与检索,总结了多源异构数据融合的优势与挑战。第 2 章推荐与检索技术。对常用的推荐技术和检索技术进行分析和总结。第 3 章个性化推荐与检索。阐述了基于内容的个性化图像推荐与检索、基于协同过滤的个性化图像推荐与检索,并分析对比了个性化图像推荐与检索方法。第 4 章基于传统机器学习的多源异构数据推荐模型。描述了基于传统机器学习的评分、文本和社交网络混合推荐模型,并在不同稀疏度的数据集上验证了模型的有效性。第 5 章基于深度学习的融合多源异构数据推荐。阐述了 3 个基于深度学习的融合多源异构数据推荐模型,通过融合评分、评论和社交网络信息显著提高了推荐准确度。第 6 章基于深度哈希图像-文本跨模态检索。描述了一种多层语义跨模态深度哈希算法,并给出基于该算法的检索模型。第 7 章基于多模态数据的餐馆推荐系统的实现。描述了以基于传统机器学习的多源异构数据推荐模型作为推荐引擎的餐馆推荐网站的设计和实现。第 8 章总结与展望。对本书所阐述的融合多源异构数据的推荐与检索进行总结,对未来研究工作进行展望。

本书可供研究融合多源异构数据融合技术、个性化推荐技术、跨模态检索技术的科研人员、公司研发人员、高等院校研究生阅读参考。

本书的出版受到国家自然科学基金重点项目(51935002)、国家自然科学基金重大项目课题(62192732)、国家自然科学基金面上项目(52175493,62076023)的资助。作者团队成员姚伟娜、皮怀雨、杨春、宋晓军等为本书的顺利完成做出了重要贡献。

著　者

2022 年 2 月

目　录

第1章　绪论 ……………………………………………………… 001

1.1　推荐与检索 ………………………………………………… 001

　1.1.1　推荐 ……………………………………………………… 002

　1.1.2　检索 ……………………………………………………… 003

1.2　多源异构数据融合的优势与挑战 ………………………… 004

　1.2.1　基于推荐的多源异构数据融合的优势与挑战 ………… 004

　1.2.2　基于检索的多源异构数据融合的优势与挑战 ………… 008

1.3　本章小结 …………………………………………………… 010

第2章　推荐与检索技术 ………………………………………… 011

2.1　推荐技术 …………………………………………………… 011

　2.1.1　基于内容的推荐 ………………………………………… 011

　2.1.2　协同过滤推荐 …………………………………………… 014

　2.1.3　基于深度学习的推荐 …………………………………… 018

　2.1.4　推荐系统评价指标 ……………………………………… 024

　2.1.5　基于评测方法的评价指标 ……………………………… 026

2.2　检索技术 …………………………………………………… 030

　2.2.1　基于文本的检索 ………………………………………… 030

　2.2.2　基于内容的检索 ………………………………………… 030

　2.2.3　基于语义的检索 ………………………………………… 031

　2.2.4　基于上下文的检索 ……………………………………… 031

　2.2.5　基于示例的检索 ………………………………………… 032

　2.2.6　多模态跨模态检索 ……………………………………… 033

2.2.7　个性化检索 ·· 034

2.3　本章小结 ·· 035

第3章　个性化推荐与检索 ·· 036

3.1　基于内容的个性化图像推荐与检索 ······················ 036

3.1.1　用户兴趣获取 ·· 036

3.1.2　用户兴趣表示 ·· 040

3.1.3　个性化实现 ·· 044

3.2　基于协同过滤的个性化图像推荐与检索 ·················· 045

3.2.1　基于用户的协同过滤 ·································· 046

3.2.2　基于物品的协同过滤 ·································· 046

3.2.3　基于模型的协同过滤 ·································· 048

3.3　个性化图像推荐与检索方法对比 ························· 049

3.4　本章小结 ·· 050

第4章　基于传统机器学习的多源异构数据推荐模型 ·········· 051

4.1　问题描述 ·· 051

4.2　相关算法 ·· 052

4.2.1　Word2Vector ·· 052

4.2.2　Online LDA ··· 054

4.2.3　CNM ·· 055

4.2.4　CoDA ··· 056

4.3　推荐流程 ·· 058

4.4　推荐模型 ·· 060

4.4.1　评论特征提取 ·· 060

4.4.2　社区发现 ·· 062

4.4.3　模型训练 ·· 062

4.4.4　特征混合 ·· 063

    4.4.5　预测和评价 ……………………………………………………… 065

4.5　Spark 实现 …………………………………………………………… 065

4.6　数据集 ………………………………………………………………… 067

4.7　实验 …………………………………………………………………… 068

    4.7.1　实验环境 …………………………………………………………… 068

    4.7.2　实验一 ……………………………………………………………… 069

    4.7.3　实验二 ……………………………………………………………… 071

4.8　本章小结 ……………………………………………………………… 073

第 5 章　基于深度学习的融合多源异构数据推荐 ………………………… 074

5.1　问题描述 ……………………………………………………………… 074

5.2　基于社区发现的多源异构数据推荐 ………………………………… 075

    5.2.1　相关算法 …………………………………………………………… 075

    5.2.2　基于社区发现的推荐模型 ………………………………………… 081

5.3　基于社交关系的多源异构数据推荐 ………………………………… 090

    5.3.1　相关算法 …………………………………………………………… 090

    5.3.2　基于社交关系的推荐模型 ………………………………………… 096

    5.3.3　基于社交关系的推荐模型对比实验 ……………………………… 099

5.4　可扩展的基于社交关系的多源异构数据推荐 ……………………… 106

    5.4.1　优化过程 …………………………………………………………… 106

    5.4.2　推荐模型 …………………………………………………………… 108

    5.4.3　实验结果及分析 …………………………………………………… 109

5.5　本章小结 ……………………………………………………………… 112

第 6 章　基于深度哈希图像-文本跨模态检索 …………………………… 113

6.1　问题描述 ……………………………………………………………… 113

6.2　相关算法 ……………………………………………………………… 114

    6.2.1　基于传统统计相关分析的方法 …………………………………… 115

　　　6.2.2　基于深度学习的方法 ……………………………………… 116

　　　6.2.3　多标签学习 ………………………………………………… 122

　　6.3　多层语义跨模态深度哈希算法 ……………………………… 124

　　　6.3.1　深度特征提取模块 …………………………………………… 125

　　　6.3.2　相似度矩阵生成模块 ………………………………………… 127

　　　6.3.3　哈希码学习模块 ……………………………………………… 129

　　　6.3.4　优化方法 ……………………………………………………… 131

　　　6.3.5　检索模型 ……………………………………………………… 134

　　6.4　图像-文本跨模态检索模型对比实验 ……………………… 135

　　　6.4.1　实验数据集 …………………………………………………… 135

　　　6.4.2　基准方法 ……………………………………………………… 137

　　　6.4.3　评价指标 ……………………………………………………… 138

　　　6.4.4　实验结果及分析 ……………………………………………… 138

　　6.5　本章小结 ………………………………………………………… 144

第 7 章　基于多模态数据的餐馆推荐系统的实现 ……………… 145

　　7.1　软件简介 ………………………………………………………… 145

　　7.2　软件设计 ………………………………………………………… 145

　　7.3　软件实现 ………………………………………………………… 147

　　7.4　软件展示 ………………………………………………………… 151

　　7.5　本章小结 ………………………………………………………… 154

第 8 章　总结与展望 ………………………………………………… 155

　　8.1　总结 ……………………………………………………………… 155

　　8.2　展望 ……………………………………………………………… 157

参考文献 ……………………………………………………………… 159

第1章 绪 论

本章介绍了解决信息过载问题常用的推荐与检索技术,描述了融合多源异构数据的推荐与检索所具有的优势和面临的挑战。

1.1 推荐与检索

近年来,随着云计算、人工智能、计算机仿真、多媒体、物联网等信息技术在全球的飞速发展,互联网时代已正式到来。互联网时代的到来,既为传统行业带来了挑战,又催生了新兴产业,为新兴经济的发展带来了机遇。互联网已经与人们的生活息息相关,人们通过网络可以进行新闻阅读、网上购物、移动支付、在线教育等活动。一方面,人们享受着互联网带来的便利,能够便捷地从网络中获取丰富的信息;另一方面,大数据也带来了信息过载的问题。如何高效快速地为用户提供其真正需要的信息,如何从大量数据中挖掘出真正有价值的内容,是互联网发展过程中面临的重要挑战。

解决信息过载问题最常用的两种技术是:主动为用户推荐其感兴趣的内容的推荐引擎;用户搜索信息时为其提供更精准的搜索结果的搜索引擎。推荐引擎倾向于没有明确目标或目标模糊,通过用户的历史行为、用户的兴趣偏好或用户的人口统计学特征进行推荐,生成用户可能感兴趣的项目列表,用户比较被动。搜索引擎倾向于明确的搜索目标,可以将对信息的查询转换为精确的关键字,搜索后返回给用户搜索列表,用户可以对这些返回结果进行反馈,用户具有主动性。

1.1.1 推荐

迄今为止,推荐系统已经发展了 20 多年。在应用领域方面,推荐系统不仅被应用在电子商务平台(亚马逊、阿里巴巴)为用户推荐物品,还被应用在了信息检索(Google、百度、Yahoo)、社交媒体(Twitter、微博)、音乐电台(网易云音乐、Apple Music)、视频网站等各种领域。在数据种类方面,随着移动设备和可穿戴设备的发展,网络中能够收集到的信息种类逐渐增多,除了数字信息外还可以收集到文本、图像、社交关系、声音、视频等各种异构数据。在评价指标方面,除了准确度和召回率,归一化折损累计增益、覆盖率等也常用来评估推荐结果的好坏。

尽管推荐算法随着应用场景的变换而不同,但提高准确率是所有推荐算法追求的目标。基于内容的推荐、协同过滤推荐、混合推荐是传统推荐算法中最主要的三类。其中,基于内容的推荐算法的关键是获取用户的兴趣偏好,在获得用户偏好后,此类算法为用户推荐与其偏好类似的物品。在协同过滤中,认为两个相似的用户对同一物品的打分是相近的,同一个用户对两个类似物品的打分也是相近的。混合推荐算法则是将不同推荐算法按照一定的策略融合,可以分为算法层面的融合和数据源层面的融合。传统的推荐算法大多存在推荐精度不高、特征提取困难等问题,为了解决这些问题,专家学者在推荐系统中引入了深度学习技术。尽管深度学习的引入能够提高推荐结果的准确性,但它也带来了计算复杂度增大、推荐结果可解释性差的问题。大多数推荐算法仅使用评分数据来为用户提供推荐,并没有充分利用互联网中收集到的各种如评论数据、社交网络信息等异构数据。

美国调查机构尼尔森对影响用户相信某个推荐的因素进行调查,对同一个品牌 3 种不同形式的广告进行 AB 测试。实验结果显示,信任好友推荐的用户占 90%,信任其他用户对广告商品的评论的用户占 70%。实验结果证明了社交推荐有利于增强用户对广告的印象和选择意愿,因此,将社交关系引入推荐系统中可以提升推荐的效率和准确率。在日常生活中,用户和好友大多处于相似的环境,因此他们往往拥有相似的兴趣偏好,推荐系统将好友选择的物品推荐给用户可以帮助其筛选掉一些无用信息,从而更加高效地推荐给用户真正需要的物品。不仅仅是评分数据,用户对物品的偏好还体现在互联网收集到的其他数据中。用户对物品的评论包含了用户的使用感受、用户偏好和物品特征,蕴含着丰富的语义信息。在现实生活中,用户的直接好友和间接好友偏好能够影响用户的选择,而用户的好友关系可以从社交网络中得到。

1.1.2 检索

纵观互联网的发展,从早期的门户网站时代,到 21 世纪初的搜索引擎时代、社交网络时代,直至当下蓬勃发展的移动媒体时代,多媒体智能计算研究被赋予巨大的科学、社会和商业价值。在此背景下,结合人工智能技术分析处理多媒体大数据是当前热门的研究方向。随着智能移动设备的快速普及,互联网上涌现了大量多媒体数据,如何充分利用这些数据创造更大的价值是目前多媒体 AI 领域面临的主要挑战。跨模态检索作为多媒体大数据研究的其中一个方向,吸引了越来越多学术界和工业界的人士关注。

随着数码相机、手机等电子设备的普及以及移动互联网和社交网络的蓬勃发展,用户不再是单纯的互联网内容消费者,而是更直接地参与到互联网内容的生产过程中。例如,用户可以随时随地在社交媒体上传图片、文本、视频等内容,并对他人的内容进行评价,从而产生更多与原上传内容相关的衍生内容。这种交互式行为模式的转变不仅吸引越来越多的用户参与到互联网内容生产过程中,使用户与互联网的发展更加紧密,还促进互联网上的多媒体信息(如文本、图像、视频、音频等)呈现爆炸式增长。进一步地,用户的检索需求也由原来的单一模态数据的检索,即查询和待检索数据模态属于同一种多媒体数据类型,转变为不同模态数据的相互检索。如以图像作为查询对象,检索一段相关的文本或视频。图像检索问题的相关研究已不仅仅局限于传统的以图搜图,而发展为更灵活的以文搜图、以图搜文等多媒体信息间的相互检索。

过去的研究重点在于对单一的图像或文本信息进行检索。图像作为一种重要的信息载体,不但能准确地体现出物体的颜色、形状、纹理等底层特征,更包含了丰富的语义信息。图像检索综合了图像处理、模式识别、机器学习和数据挖掘等技术,在大数据应用中发挥着不可或缺的作用,其在商品购物网站、数字图书馆、版权保护、媒体监测等领域都发挥了重要作用。

然而,用户的需求是不断变化的。因此,需要一种有效的手段来实现跨媒体的理解与检索。跨模态检索的产生就是为了适应"多媒体大数据+人工智能"的挑战,充分利用多媒体数据,挖掘不同模态数据之间的联系,以完成模态间的迁移。

所谓跨模态检索,即查询与待检索数据的模态是不同的,需要综合考虑图像、文本、视频、音频等各种类型的多媒体信息之间的关联。因此,跨模态检索问题是涉及计算机视觉、自然语言处理、机器学习等技术的交叉领域。随着多媒体 AI 的崛起,跨模态检索的研究将为其奠定重要的理论和技术基础。

1.2　多源异构数据融合的优势与挑战

本节将介绍基于推荐的多源异构数据融合的优势与挑战和基于检索的多源异构数据融合的优势与挑战。

1.2.1　基于推荐的多源异构数据融合的优势与挑战

早期的推荐算法主要基于用户的评分数据和物品属性信息进行推荐,主要有协同过滤(Collaborative Filtering, CF)推荐算法和基于内容的推荐算法。基于内容的推荐算法根据用户反馈数据确定用户偏好,并计算物品自身属性的相似度进行推荐。协同过滤推荐算法是根据用户对物品的反馈数据计算用户或物品之间的相似度进行推荐。计算用户相似度的协同过滤算法被称为基于用户的协同过滤算法,最早应用于新闻推荐系统;计算物品相似度的协同过滤算法被称为基于物品的协同过滤算法。对于物品数量有限、用户数量庞大的系统,基于物品的协同过滤算法比基于用户的协同过滤算法计算速度更快。此外还有基于模型的推荐算法,其中基于矩阵分解的推荐算法应用最为广泛。基于评分数据的推荐算法只采用用户的评分数据,推荐结果缺乏可解释性,对稀疏数据集的推荐准确度较低。

用户评论相对于评分包含更加丰富的信息。为解决基于评分数据推荐算法的准确度较低和缺乏可解释性的问题,用户评论数据被引入推荐算法。主要有下列 4 种方案:

①提取文本话题信息。文献[13]利用话题模型分析项目申请书中文本信息和专家属性信息,计算专家和项目间的匹配度,从而将项目申请书推荐给合适的评审专家。文献[14]将隐因子模型和隐含狄利克雷模型结合以分析评论和评分数据。采用隐含狄利克雷模型从评论数据中提取话题,结合从评分数据中提取的隐因子特征进行评分预测,与传统推荐算法相比可将准确度提高 5% ~ 10% 。

②基于特征词库分析文本信息。文献[15]从六个方面评价宾馆,首先,从评论数据提取名词并人工将其分为六类,建立基础词典;然后,通过所提出的"MeCab"分析引擎自动分析评论数据来扩展词库,生成偏好词典。根据用户评论所采用的偏好词典中各类别词的词频对六类名词进行排序以表示用户特征。新用户使用系统时,首先,要对六个类别进行排序以表示其偏好;然后,找到与其最为匹配的用户,为其推荐该相似用户喜欢的宾馆。文献[16]提出显式因子模型,通过对文本中特征词的提取,从词的层次分析用户动机和物品属性的显式因子,将显式因子和隐式因子结合以提高推荐系统的准确度,利用提取的特征词解释推荐结果,以提高推荐系统的可解释性。

③通过文本聚类进行推荐。文献[17]通过文本信息确定用户社区和物品类别,每个用户可属于多个社区,每个物品也可属于多个类别,基于用户社区和物品类别进行推荐以提高推荐的准确度。此类方法容易遇到冷启动问题,因为稀疏数据集中评论较少。

④分析句子结构。文献[18]通过分析评论文本的本体结构来进行推荐。将上下文信息加入到推荐过程中,上下文信息包含了命名实体和话题层级。命名实体包括从网页中抽取的位置、时间等信息。话题层级被用来代表一段文本。

随着社交网络的出现,基于"用户更信任朋友的推荐而不是陌生人的推荐"的事实,社交网络在推荐系统中的应用得到重视。一种是基于连接预测的方法:文献[19]提出 TrustWalker 算法,将随机游走算法和基于信任的物品协同过滤相结合来进行推荐。在 Epinions 数据集上的实验表明,TrustWalker 算法提高了推荐的覆盖率和准确度。文献[20]提出了两种算法分别计算带有连续信任值和只有信任关系的社交网络。实验结果表明,基于信任的算法比传统的协同过滤算法更加精确。文献[21]使用社交网络来获得物品的推荐,然后再使用信任关系来进行过滤,这一算法的表现要优于基于频率的推荐算法。另一种是基于矩阵分解的方法:文献[22]考虑直接朋友对用户特征因子的影响,将信任传播模型和矩阵分解模型结合,以提高传统矩阵分解模型的准确度,解决冷启动问题。文献[23]将概率矩阵分解和信任网络结合,以解决数据稀疏性问题,该模型的计算时间随评分数据的增加而线性增加。文献[24]提出基于 SVD++的矩阵分解模型 TrustSVD,考虑显式反馈和隐式反馈,通过结合社交信息不但可提高推荐准确度,还可减轻冷启动和数据稀疏问题。文献[25]将深度学习模型和矩阵分解结合,处理用户评分、社交关系数据,可提高推荐的准确度并解决冷启动问题。可见,结合社交关系数据进行推荐可提升推荐系统在稀疏数据集上的准确度并解决冷启动问题。

不同数据可以从不同的角度反映用户的偏好。评分数据简单明确,体现了用户对物品的总体评价;评论数据信息丰富,体现了用户对物品特征的观点和态度;社交关系数据反映用户之间的信任关系,以及对好友购买过的物品的兴趣。三种数据各具优势,如果综合利用三类数据进行推荐,显然会提高推荐准确度、降低冷启动风险。然而由于多源异构数据的异质性,这些数据很难使用统一的方法来进行表示。

根据融合多源异构数据的方法,可以将相关研究工作分为算法融合和数据融合。算法的融合是根据不同的数据类型选择不同的推荐算法,如基于内容的推荐算法和协同过滤推荐算法相结合,协同矩阵分解的算法和基于信任传播的算法相结合等。不同的推荐算法之间可以采用加权、级联、混合等融合方式。但是,这些方法在融合异构信息源方面需要人工参与。因为不同的算法需要不同的策略,特别是涉及基于内容的方法时,人工对模型设计和选择在整个推荐过程中仍然具有重要的影响。最近,得益于深度学习在表示学习方面的卓越效果,基于数据融合的研究受到了广泛的关注,利用深度学习可以得到很多异构数据的表示。

在最近的工作中,利用深度学习来进行推荐受到研究者的关注。为提高基于评分数据的推荐准确度,近年来有学者将神经网络和矩阵分解相结合,提出神经网络矩阵分解(Neural Network Matrix Factorization, NNMF);还有学者将神经网络与协同过滤相结合提出神经协同过滤(Neural Collaborative Filtering, NCF)。文献[27]采用去噪自动编码器(denoising auto-encoders)来进行推荐。文献[28]提出了一个基于协同过滤的神经自回归方法。除了上述使用深度学习的方法,近年来深度学习还广泛应用于文本特征的表示学习。深度学习获取的非线性特征表示可更好地描述用户和物品的特征。基于评论数据的推荐算法会遇到数据稀疏问题,因为每种方案都需要大量的用户评论对模型进行训练。通过这些研究可以发现,基于深度学习的单源或者双源数据推荐已经取得较好的结果,但是依然不能满足对推荐结果准确度的要求,那么如何使用深度学习融合多源异构数据,目前仍然是值得研究的问题。

目前,将社交关系、评分、评论数据结合进行推荐的模型少且存在问题。文献[30]提出融合社交网络和评论信息的协同过滤模型,通过用户的评论话题分别计算用户与直接或间接朋友之间的余弦相似度,根据用户和朋友的相似度不同赋予每个朋友不同的权重,采用协同过滤算法预测评分。由于协同过滤算法严重依赖好友评分,对于稀疏数据需要寻找间接好友,算法复杂度较高且准确度下降明显。基于多源数据混合推荐的深度学习模型目前主要是将基于内容的推荐方法和协同过滤方法进行组合。融合社交关系、评论和评分数据的深度学习模型尚未提出,主要原因在于多源异构数据的有效特征表示存在困难。

1.2.2　基于检索的多源异构数据融合的优势与挑战

随着移动互联网的发展,文字、图片、视频、音频等多媒体数据飞速增长,并促使多模态、跨模态检索需求大大增加。多模态检索即融合不同模态的检索,查询和待检索数据至少有一种相同模态,如将以视觉特征检索和以标签检索结果组合得到最终结果。跨模态检索即对不同模态的关系建模,实现模态间的检索,查询和待检索模态不必相同,如以文本搜索图片、以图片搜索视频等。与传统多模态检索不同,跨模态检索的关键在于将不同模态的数据映射到一个公共空间,对二者的关系建模。如何跨越不同模态数据间的"媒体鸿沟",建立跨模态数据的通用表示,是跨模态检索研究面临的主要问题。

Wang 等提出了一种联合图正则化多模态子空间学习算法。将模态间相似度和模态内相似度整合到一个图正则化项,更好地挖掘跨模态数据的关联及各模态内数据之间的深层结构关系,解决了模态间数据相似性度量问题。Rasiwasia 等利用典型相关分析对图像-文本数据建立更加抽象的关联。其中文本特征采用主题模型表示,图像特征采用 SIFT 特征的词袋向量表示。Xie 等提出一个语义生成模型 SGM,该模型假设不同模态数据可由相同的语义概念生成,并且各模态数据在特定概念下的生成是条件独立的。然后分别以高斯分布和随机森林预测语义关联的概率分布,在提升检索准确率的同时,保证了计算效率。Costa 等分别从低层次跨模态数据的关联关系和高层次的语义空间抽象的角度分析了解决跨模态语义关联的问题,并提出了结合两种思路的语义关联模型 SCM。Kang 等提出一种有监督的跨模态关联学习算法,克服了传统方法依赖成对的图像-文本数据的缺点,能够对独立的单模态数据学习进行跨模态表示。其中图像的特征采用了 GIST 特征,文本数据采用词频特征。

以上传统的跨模态检索通常采用依赖领域知识的手工设计特征,"语义鸿沟"问题仍是该领域的难点。近年来,深度学习在多媒体信息特征学习和表示方面取得突破性进展,出现了大量将深度学习应用于跨模态检索的研究。Feng 等提出一种跨模态对应自编码器模型,它由两个单模态对应自编码器构成,通过最小化两个自编码器的重构误差和跨模态数据关联误差之和对两种模态在特征表示层的共性关联进行建模。进一步地,Feng 等采用对应受限玻尔兹曼机建立将不同模态数据从各自原始语义空间映射到一个低维公共子空间,并保留原来的语义关联。Wei 等采用深度卷积神经网络学习图像特征表示,以及采用多层感知机学习文本特征表示,并将两个子网络通过目标函数建立关联。在多个跨模态检索数据库上进行大量对比实验,验证了基于深度特征表示的检索模型相比基于传统手工特征的方法取得了明显的性能提升。类似地,He 等提出基于卷积的图像-文本双向检索模型,针对图像和文本特征设计了两个卷积神经网络,并通过网络将两种模态数据映射到一个公共空间进行比较,实现跨模态检索。

将深度学习应用于跨模态检索领域,不仅为解决不同模态异质数据之间的"媒体鸿沟"提供了大量特征学习与表示方面先进的研究成果,深度学习的网络结构特性也为实现将跨模态特征提取与低维公共空间特征表示统一在一个框架内,实现端到端学习提供了一种解决方案。然而,随着多媒体数据的不断增长,采用深度学习的特征表示由于维数过大而面临存储空间与检索效率的挑战,导致无法适应大规模多媒体数据检索。

为解决大规模多媒体数据的跨模态检索中存储空间和计算效率问题,将信息检索领域常用的哈希方法应用于跨模态检索是目前的热门研究方向。跨模态哈希方法将图像和文本映射到公共汉明空间,以"+1/−1"构成的二值低维向量表示和存储数据,大大降低了存储空间的消耗和计算复杂度,有效地提升了检索效率。现有的跨模态哈希方法主要分为基于浅层模型的方法和基于深层模型的方法。基于浅层模型的方法仍采用依赖领域知识的手工设计特征,在特征提取和表示方面的表现逊于基于深层模型的方法,但在模型训练难度和速度上优于后者。基于深层模型的方法将深度学习与跨模态哈希结合起来,既保留了深度特征表示的高效性,又兼顾了哈希方法在数据存储与检索速度上的优越性。

1.3　本章小结

互联网的快速发展为人类生活带来很大便利,人们通过网络进行新闻阅读、网上购物、移动支付、在线教育等活动,这些活动产生了大量的数据,造成了信息过载。应对信息过载主要采用两种技术:推荐和检索。这两种技术可以高效快速地为用户提供其真正需要的信息,从大量数据中挖掘真正有价值的内容。本章介绍了推荐和检索领域的研究工作,由于可用于推荐和检索的数据来源多样,融合多源异构数据的推荐和检索已成为本领域的研究热点,本章分析了其优势和所面临的问题。

第2章　推荐与检索技术

本章主要介绍推荐与检索技术,首先从基于内容的推荐、协同过滤推荐、个性化混合推荐、推荐系统的评价指标等四个方面介绍推荐技术;之后介绍检索技术,检索技术包括基于文本的检索、基于内容的检索、基于语义的检索、基于上下文的检索、基于示例的检索、多模态跨模态检索以及个性化检索。

2.1　推荐技术

下面根据推荐算法的类型,分别介绍传统的基于内容、协同过滤和模型的推荐算法,最后介绍基于深度学习的推荐算法。

2.1.1　基于内容的推荐

基于内容的推荐算法根据被用户评论或评分过的物品的属性,和其他物品的属性进行相似度匹配,找到最为相似的物品进行推荐。比如,某用户购买了"防风衣""夹克衫"和"袜子",算法将这些特征和其他物品的属性进行相似性匹配,找到最为相似的 N 个物品作为推荐结果。基于内容的推荐主要按照匹配的关键词或者属性特征进行计数,相同的属性或者关键词特征最多的物品被考虑为最佳的推荐结果,按照计数降序排序,则可以得到推荐列表。

基于内容的推荐算法中最常用的物品表示方法是向量空间表示法。推荐系统中一般包含用户特征和物品特征,在基于内容的推荐算法中,物品特征用物品的属性向量来表示,用户特征用其和物品的交互特征来表示。也就是用户的特征取决于所评价物品的特征。

所以基于内容的推荐被分为三个步骤:

第一步,定义物品的特征,往往通过物品的属性来计算。

第二步,计算用户的特征,使用用户评价过的物品特征来计算。

第三步,比较物品和用户特征的相似度并进行排序推荐。

基于内容的算法有很多优点,例如,用户特征通过用户对物品的评价构建,所以只需构建物品特征即可按照一定规则求得用户特征。这样用户的特征独立生成,不依赖于其他用户,在实际生产中如果物品保持不变,那么用户特征的更新相互独立,时间开销少。基于内容的算法可解释性较强,可以告诉用户推荐的理由,易于用户接受。当有新物品进入系统时,即使没有用户评价过该物品,基于内容的推荐系统仍然能够根据物品的属性为相似用户推荐该物品。然而,基于内容的推荐算法也存在很多不足,比如,对物品属性的特征表示存在困难。因为有的物品拥有特殊的属性,不能使用常规的方法表示。其次,推荐的物品可能都属于同一类别,虽然和用户的喜好比较相似,但是缺乏多样性。

基于内容的推荐算法是指当用户已经购买了某一物品后,系统为用户推荐与其之前喜欢的物品在内容上相似的物品。此类算法是在已知用户对物品内容偏好的基础上进行推荐的,推荐过程主要有如下 3 个步骤。推荐算法如图 2.1 所示。

①获得物品表示(Item Representation)。根据物品本身的内容属性和标签抽取出特征,进而确定物品的表示。

②获得用户偏好。通过分析用户已经选择的物品可以获得用户的偏好,从而得出用户是否会喜欢一个新的物品。

③产生推荐。根据用户偏好及物品本身的特征进行相似性计算,为用户推荐相似性大的物品,从而产生推荐列表。

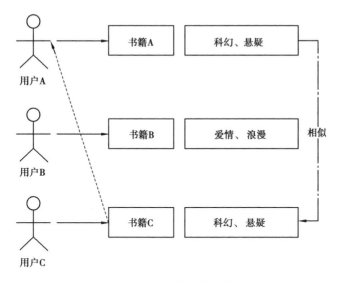

图 2.1 基于内容的推荐算法

在图 2.1 中,用户 A、用户 B、用户 C 分别购买了书籍 A、书籍 B 和书籍 C。通过对书籍进行抽象,可以得到书籍的内容特征。书籍 A 和书籍 C 在内容上是相似的,由于用户 A 喜欢书籍 A,可以得到用户 A 对科幻悬疑类的书籍感兴趣,故而推荐系统可以将与书籍 A 在内容上相似的书籍 C 推荐给用户 A。

基于内容的推荐算法有很多优点:

第一,为用户推荐的物品符合用户偏好。基于内容的推荐算法根据用户之前的选择为用户提供推荐,具有很好的可解释性,即当用户选择某一物品后,他以后更倾向于选择与之类似的物品。

第二,当物品本身具有较强的内容属性时,基于内容的推荐有明显优势。

第三,独立性强。此类算法是根据用户各自的偏好进行推荐,不需要依赖其他用户的信息,用户之间具有较强的独立性。但同时也存在一些缺点,例如存在冷启动风险,此类推荐算法是根据用户已经选择的物品为用户推荐新的物品,当用户没有选择任何物品时,则无法进行推荐。其次,不能挖掘出用户深层次的喜好。此类算法只是基于用户已有的偏好为其进行物品的推荐,不能实现跨物品类别的推荐。当物品的内容复杂时,特征提取困难。此类算法依赖人工建立特征,效率低且可扩展性差。

2.1.2　协同过滤推荐

　　和基于内容的方法不同,基于协同过滤的算法不关注物品本身的属性,而是关注用户为哪些物品进行评分。根据用户对物品的评分特征,就能够比较用户的相似度。比如,某用户看过《致命魔术》和《大鱼》两部电影并对它们进行评分,下一步推荐系统就将此用户和其他用户进行评分的相似度比较,看过这两部电影且评分相近的用户,被作为相似用户查找出来。然后根据相似用户看过的其他电影来给当前用户推荐。协同过滤算法基于所有用户对物品的评分记录,来计算用户间相似度,然后挑选相似度高的用户所喜爱的物品作为推荐结果。

　　它的主要思想是在用户或物品之间找到一定的相似度,构建相似的群体并且通过群体的喜好来为用户进行推荐。基于内存的协同过滤推荐和基于模型的协同过滤推荐是协同过滤推荐中的两大类。其中,基于用户的协同过滤(User-based CF)和基于物品的协同过滤(Item-based CF)都属于基于内存的协同过滤推荐。下面将进行详细的说明。

(1)基于用户的协同过滤推荐

　　基于用户的协同过滤是将所有用户的评分转换成用户的特征向量,然后计算用户间的相似度。例如有用户 x ,将和 x 最为相似的用户作为一个集合 C ,然后根据集合 C 中的用户喜欢的物品,对用户 x 进行推荐。对于集合 C 中用户所评价的物品的评分,最简单的计算方法为直接平均,然后降序排列,则得到用户 x 的推荐列表。更为常用的方法是使用用户间的相似度作为权值,然后加权计算平均分,这样相似度较高的用户的偏好就更好地体现在了推荐结果中。

　　基于用户的协同过滤算法是最早应用的算法,在这个算法中,首先,通过用户的物品购买历史计算出用户之间的相似度;其次,得到相似度高的用户;最

后,为用户推荐相似用户购买过但自身未购买的物品。如图 2.2 所示,用户 A
喜欢的书有{《机器学习》,《鲁滨逊漂流记》,《数据结构》},用户 B 喜欢的书有
{《悲惨世界》},用户 C 喜欢的书有{《机器学习》,《鲁滨逊漂流记》}。用户 C
和用户 A 共同喜欢的书有两本,为{《机器学习》,《鲁滨逊漂流记》},用户 C 和
用户 B 没有共同喜欢的书,交集为空。因此用户 C 和用户 A 的偏好类似,可以
将用户 A 喜欢而用户 C 还未选择的书籍即《数据结构》推荐给用户 C。

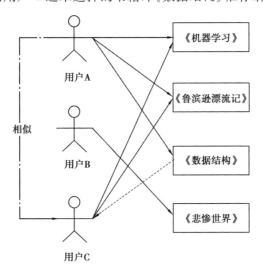

图 2.2　基于用户的协同过滤算法

此类算法的推荐过程主要有如下四个步骤:

第一步,根据已知的信息构建出用户对物品评分的矩阵。

第二步,分析用户购买物品的历史数据,计算用户间相似度。常用的计算
相似度的方法有余弦算法、皮尔森算法等。

余弦相似度算法将用户 u 和用户 v 对所有物品的评分看作向量,通过计算
这两个向量间的余弦值进而得到两个用户间的相似度。余弦值越大,用户间的相
似度越大,表示两个用户越相似。式(2.1)为余弦相似度的计算公式,其中用户 u
打分过的物品集合与用户 v 打分过的物品集合用 I_u 和 I_v 表示,这两个用户共同打
分过的物品集合用 $I_{u,v}$ 表示,用户 u 和用户 v 对物品 i 的评分用 $R_{u,i}$ 和 $R_{v,i}$ 表示。

$$sim(u,v) = \frac{\vec{u} \times \vec{v}}{\|\vec{u}\| \times \|\vec{v}\|} = \frac{\sum\limits_{i \in I_{u,v}} R_{u,i} R_{v,i}}{\sqrt{\sum\limits_{i \in I_u} R_{u,i}^2} \sqrt{\sum\limits_{i \in I_v} R_{v,i}^2}} \qquad (2.1)$$

皮尔森相似度算法如式(2.2)所示,其中 $\overline{R}_u$ 表示用户 u 的平均打分,$\overline{R}_v$ 表示用户 v 的平均打分,通过皮尔森算法得出的两个用户之间的相似度大小只与他们共同评价过的物品有关。

$$sim(u,v) = \frac{\sum\limits_{i \in I_{u,v}} (R_{u,i} - \overline{R}_u)(R_{v,i} - \overline{R}_v)}{\sqrt{\sum\limits_{i \in I_{u,v}} (R_{u,i} - \overline{R}_u)^2} \sqrt{\sum\limits_{i \in I_{u,v}} (R_{v,i} - \overline{R}_v)^2}} \qquad (2.2)$$

第三步,选取最近邻并预测物品评分。最近邻即与目标用户相似度大的用户。在这一步中,首先得到相似用户集合,之后预测目标用户对相似用户购买过而自己未购买过的物品的评分。通过上述公式得到 $sim(u,v)$ 后,可以通过式 (2.3) 预测出用户 u 对某个具体物品 i 的打分,其中用户 u 的近邻用集合 N_u 表示。

$$S(u,i) = \overline{R}_u + \frac{\sum\limits_{v \in N_u} sim(u,v) \times (R_{v,i} - \overline{R}_v)}{\sum\limits_{v \in N_u} sim(u,v)} \qquad (2.3)$$

第四步,生成推荐列表。在得到预测评分后,按照预测评分由高到低的顺序为目标用户提供 top-N 的物品推荐。

(2)基于物品的协同过滤推荐

基于物品的协同过滤算法和基于用户的协同过滤算法的计算方法是相同的,不同的是,基于物品的协同过滤算法将物品的特征向量作为计算基础,计算不同物品间的相似度。在最后的推荐阶段,是以物品为基础,计算推荐用户的列表。

在工业界得到广泛应用的推荐算法是基于物品的协同过滤算法,该算法通过分析目标用户未选择物品与已选择物品间的相似度,将与目标用户历史喜欢物品类似的物品推荐给用户。如图 2.3 所示,用户 A 喜欢的书有《机器学习》,《深度学习》,《鲁滨逊漂流记》},用户 B 喜欢的书有{《机器学习》,《深度学习》},用户 C 喜欢的书有{《机器学习》}。喜欢《机器学习》的有{用户 A,用户 B,用户 C},喜欢《深度学习》的有{用户 A,用户 B},喜欢《鲁滨逊漂流记》的只有用户 A,可以得到既喜欢《机器学习》又喜欢《深度学习》的用户最多,《机器学习》和《深度学习》这两本书很类似,因此可以将与《机器学习》类似的《深度学习》这本书推荐给用户 C。

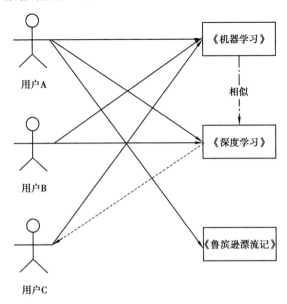

图 2.3　基于物品的协同过滤算法

常用修正余弦算法来计算两物品之间的相似性,计算公式如式(2.4)所示,其中 $R_{u,i}$ 和 $R_{u,j}$ 分别表示用户 u 对物品 i 和物品 j 的评分,$\overline{R}_i$ 和 $\overline{R}_j$ 分别表示推荐系统中物品 i 和物品 j 的平均得分。对于既评价过物品 i 又评价过物品 j 的用户,用集合 U 表示。

$$sim(i,j) = \frac{\sum\limits_{u \in U} (R_{u,i} - \overline{R}_i)(R_{u,j} - \overline{R}_j)}{\sqrt{\sum\limits_{u \in U} (R_{u,i} - \overline{R}_i)^2} \sqrt{\sum\limits_{u \in U} (R_{u,j} - \overline{R}_j)^2}} \tag{2.4}$$

在计算出物品间的相似性后,可以得到相似性大的物品集合,进而得到用户 u 对某个具体物品 i 的预测打分,如式(2.5)所示。其中物品 i 的近邻用

集合 I 表示。从计算的时间复杂度上来看,此算法比基于用户的协同过滤算法低。

$$S(u,i) = \frac{\sum\limits_{j \in I} sim(i,j) \times R_{u,j}}{\sum\limits_{j \in I} |sim(i,j)|} \quad (2.5)$$

需要特别注意的是,在协同过滤推荐中,物品间的相似度是通过分析用户对其的打分、评论来计算得到的。而在基于内容的推荐中,相似度是通过物品自身的特性来计算得到的。协同过滤的优点是既可以为用户推荐新种类物品,实现跨类别的推荐,又不需要挖掘物品的内容特征,省去了繁杂的操作。然而依旧存在一些问题,如数据稀疏和冷启动等。

(3)基于模型的协同过滤推荐

通过用户对物品的历史评分,基于内存的协同过滤算法可以直接预测出用户对新物品的评分进而为用户提供推荐。但当推荐系统中的用户数据和物品数据非常多时,此类推荐算法计算的时间复杂度也会变得很高。同时由于用户通常只对极少数的物品进行评分,因此系统中的数据十分稀疏。为了克服这些问题,基于模型的协同过滤推荐应运而生。在已知用户对物品评分的基础上,此类算法通过机器学习等方法挖掘出用户和物品之间的相互作用关系,进而找到合适的预测模型来预测用户对新物品的评分。

由于矩阵分解具有良好的可扩展性和可实现性,因此其常被用来构建预测模型。Funk-SVD 是最经典的矩阵分解技术,用户对物品的评分矩阵可以被 Funk-SVD 技术降维成用户矩阵和物品矩阵,将两矩阵相乘能够得到用户对新物品的预测评分。除此之外,聚类、关联、贝叶斯网络、神经网络、受限玻尔兹曼机等算法也常用来构建预测模型。

2.1.3 基于深度学习的推荐

近年来随着深度学习技术的不断发展,深度学习被应用到了各种类型的推荐系统中。深度学习在文本、图像领域的表示学习以及分类等问题上都打败了传统机器学习算法,取得了突破性的进展。并且借助神经网络能够将不同类型的数据融合成为统一的表示。因此,深度学习技术很快被应用到了推荐系统的各种场景中。

深度学习首先构建出含有多个隐层的非线性神经网络结构,其次对大量的数据进行训练,得到这些数据的深层次的本质特征。深度学习能自动学习出数据中的特征,因此,不需要人工去设计和构造特征,简化了特征提取的过程。将深度学习运用到推荐系统中,不仅能自动对多源异构数据进行特征学习,还可以更加准确地从数据中抽象得到用户和物品深层的特征表示。深度学习可以将不同的数据映射在统一的空间中,这一特点使得从数据源层面对多源异构数据进行融合成为可能。基于深度学习的推荐算法把隐特征的学习过程和推荐结果的产生过程结合到了统一的框架里,首先通过各种深度模型得到用户和物品的隐特征,其次结合传统的推荐算法(如协同过滤等)构建出目标函数并训练得到模型参数,最终给出推荐结果。在推荐系统中,深度学习被运用到了之前介绍的三类推荐算法中。

单一的推荐算法无法处理多种类型的数据,因此,可以将推荐算法融合形成混合推荐模型为用户提供推荐。混合推荐模型在处理不同数据的同时,还能够充分发挥每个推荐算法的优点并且避免单一推荐算法的缺点。混合推荐模型主要分为两种,分别是算法层面的融合和数据源层面的融合。算法层面的融合是指将不同推荐算法得出的结果按照一定的方式(如线性组合)进行融合得到最终推荐结果的过程。这种混合模型需要相关领域专家对特定的数据设计出特定的融合策略,耗时费力且对数据的融合程度不高,并没有充分利用多源异构数据的特性。数据源层面的融合是指将不同的数据放在统一的框架中进行训练,得到用户和物品的隐表示,进而得到推荐结果的过程。与算法层面的融合模型相比,数据源层面的融合模型可以充分利用异构数据各自的特点,提取出更深层次的特征表示进而得到更准确的推荐结果,本质上是特征的融合。

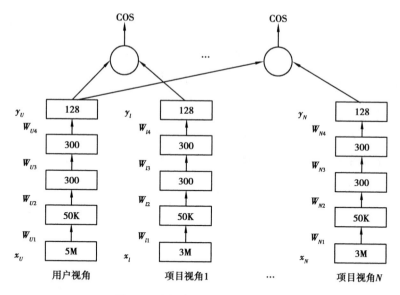

图 2.4　多视角深度神经网络模型

混合推荐算法可以分为 6 类：特征扩充的推荐算法、混合加权推荐算法、元模型混合推荐算法、混合特征推荐算法、交叉调和推荐算法、瀑布型混合推荐算法等。

在基于内容的推荐方面，Elkahky 利用丰富的用户特征和不同领域的数据，在深度结构语义模型基础上提出了多视角深度神经网络模型（Multi-View DNN），如图 2.4 所示。其中，x_U 为用户视角下的输入（搜索、浏览记录等）数据，y_U 为学习得到的用户的特征表示，x_N 为第 N 个物品的输入（标题、类别）数据，y_N 为通过模型学习得到的第 N 个物品的特征表示。Multi-View DNN 模型将用户和物品映射到同一个隐空间，通过计算用户和不同物品之间的余弦相似度进而为用户提供推荐。

Zheng 在卷积神经网络的基础上提出了深度协作神经网络模型（Deep Cooperative Neural Network，Deep CoNN）。此模型使用词嵌入技术表示评论文本信息，使用 2 个并行的卷积神经网络模型分别对用户层面的评论和物品层面的评论进行处理，挖掘出用户的喜好和物品的内容特征，最后通过在这 2 个神经网络上建立共享层来预测用户对物品的评分，从而为用户提供推荐。Deep

CoNN 模型是最早使用神经网络对评论数据进行建模的模型,可以提升推荐的性能,在缓解数据稀疏问题上有一定的效果。

在基于内容的推荐中,特征工程是至关重要的一步,优秀的特征提取能够在提升推荐性能的同时减少资源耗费。为了解决特征工程中特征提取困难的问题,Shan 提出了可以自动学习特征组合方式的 Deep Crossing 模型,对点击率进行预测。如图 2.5 所示,Deep Crossing 模型由嵌入层(Embedding)、堆栈层(Stacking Layer)、残差单元(Residual Unit)、评分层(Scoring Layer)组成。嵌入层能够将高维稀疏特征转化为低维稠密特征,残差网络结构可以挖掘出特征之间的关系。多组实验表明,此模型具有很好的鲁棒性。

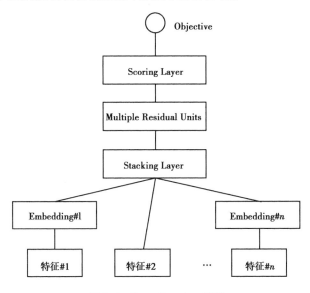

图 2.5　Deep Crossing 模型

在基于协同过滤的推荐方面,Salakhutdinov 在受限玻尔兹曼机(RBM)的基础上添加了物品是否被评分过等辅助信息,提出了基于 RBM 的协同过滤推荐,如图 2.6 所示。此模型在传统的 RBM 基础上进行改进,引入 Missing 单元代表评分缺失的物品,引入 r 向量等辅助信息表示物品是否被评分过,构建出条件 RBM。

Sedhain 提出了在 AE 模型基础上的协同过滤推荐模型,使用 AE 来分别构

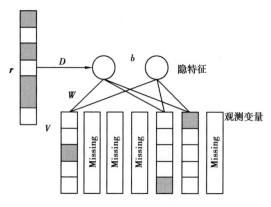

图 2.6　条件受限玻尔兹曼机

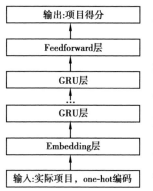

图 2.7　基于循环神经
网络的会话推荐

建用户和物品的特征,而不是像矩阵分解那样将用户和物品分解到相同的隐空间。此模型通过最小化重构误差对模型进行优化,优化后得到预测评分。Wu提出了协同降噪自编码器模型(Collaborative Denoising Auto-Encoders, CDAE),将评分向量作为输入,通过学习用户的向量表示来为用户提供 top-N 的推荐。为了提升模型的鲁棒性,CDAE 模型在评分数据的基础上增加了噪声信息。Hidasi 将基于会话的推荐转化为序列化问题,提出使用循环神经网络模型来处理用户会话数据,模型如图 2.7 所示。模型将一个会话中用户点击的物品作为输入,首先将物品用 one-hot 编码,其次通过嵌入层将其转化为稠密的向量表示,再经过多个 GRU(Gate Recurrent Unit)层,最后通过 Softmax 等方法计算出物品被点击的概率,从而预测用户下一次的点击行为。

在基于混合模型的推荐方面,Zhang 将协同过滤的潜在表征与知识库中对象的语义表征进行结合,提出了协同知识库嵌入模型,使用栈式降噪自编码器对文本数据进行处理,并在推荐系统中引入结构化信息,使用 TransR 算法对结构化信息进行处理获得物品的向量表示。在获得物品的向量表示后,使用随机梯度下降法（Stochastic Gradient Descent, SGD）优化损失函数, 为用户提供 top-N 的推荐列表。Hsieh 用度量学习对相似度进行计算, 将其与协同过滤算法进行混合, 提出了协同度量学习模型为用户提供推荐列表。在这个模型中, 用户和用户、物品和物品之间的相似性通过大边界最近邻方法来学习得到。在得到用户和物品的潜在关系后, 通过用户和物品的隐向量进行 top-N 的推荐。为了缓解数据稀疏的问题, Kim 在推荐系统中引入与物品相关的辅助文本信息, 在概率矩阵分解中引入了卷积神经网络, 提出了卷积矩阵分解模型。卷积矩阵分解模型能够捕获文本信息中蕴含的上下文信息, 从而进一步提高评分预测的精度。表 2.1 对基于深度学习的各种推荐算法进行比较, 指出了各自的优缺点。

表 2.1　基于深度学习的推荐算法对比

深度学习的应用方向	深度学习模型	数据类型	优点	缺点
基于内容的推荐算法	循环神经网络、卷积神经网络、深度置信网络等	物品内容数据, 用户画像, 用户的生成内容	1. 能够自动提取出用户及物品的特征 2. 新物品可以被推荐, 不存在关于物品的冷启动问题	1. 当新用户进入系统时, 无法为其推荐 2. 推荐的物品种类单一, 无法实现跨类别的推荐
协同过滤推荐算法	受限玻耳兹曼机、循环神经网络、卷积神经网络等	用户与物品的显式或隐式交互数据	1. 可以对非线性特征进行建模 2. 能够实现跨类别推荐, 推荐物品种类繁多	1. 新用户和新物品没有历史数据, 无法被推荐, 存在冷启动问题 2. 推荐系统的数据稀疏 3. 可扩展性不足
基于深度学习的推荐	自编码器、循环神经网络、卷积神经网络等	物品内容数据, 用户画像, 用户的生成内容	1. 兼具多种推荐模型的优点 2. 能够利用辅助信息提高推荐准确度	1. 计算复杂度高 2. 混合策略需要人工设计, 耗时费力

传统推荐模型存在着推荐精度不高、特征提取困难等问题, 将深度学习与传统推荐模型相结合可以在一定程度上解决这些问题。但基于深度学习的推荐算法通过用户和物品的隐表示来进行推荐, 往往无法直接向用户解释推荐原

因。大多数推荐算法只使用了部分数据,但随着互联网的发展,能够收集到的信息越来越多,完全可以充分挖掘各个角度的信息为用户提供更精准的个性化推荐方案。如何提高推荐精度、解决冷启动问题、提高推荐系统的可解释性和可扩展性是亟待解决的问题。

2.1.4 推荐系统评价指标

TP(True Positive)代表样本被预测为正(即被推荐),实际上也为正(即用户购买)的情况。在本书中,TP 表示在推荐列表中用户真实购买的物品的数量。FP(False Positive)代表样本被预测为正(即被推荐),实际上却是负(即用户未购买)的情况。在本书中,FP 表示在推荐列表中用户没有选择购买的物品的数量。FN(False Negative)代表样本被预测为负(即未被推荐),实际上却是正(即用户购买)的情况。在本书中,FN 表示用户选择购买的推荐列表以外的物品数量。TN(True Negative)代表样本被预测为负(即未被推荐),实际上也是负(即用户未购买)的情况。在本书中,TN 表示用户未购买的物品也未出现在推荐列表上的物品数量。

(1)精确率

精确率是衡量推荐结果好坏的一个重要指标,它是指在推荐列表中,用户真正购买的推荐列表里的物品数占推荐列表总物品数的比例,计算方法如下:

$$Precision = \frac{TP}{TP + FP} \tag{2.6}$$

(2)召回率

召回率指用户购买的推荐列表里的物品数占用户所有购买物品数的比例,计算方法如式(2.7)所示。

$$Recall = \frac{TP}{TP + FN} \tag{2.7}$$

（3）F-Measure

推荐结果的精确率和召回率是相互制约的。在理想的情况下,希望精确率和召回率都很高,但在实际情况下,当精确率高时召回率低,当召回率高时精确率低,因此引入 *F-Measure* 对召回率和精确率进行综合考虑。通过将这 2 个指标进行综合运算可以得到 *F-Measure*,具体计算方法如式(2.8)所示。

$$F\text{-}Measure = \frac{(a^2 + 1) \times Precision \times Recall}{a^2 \times (Precision + Recall)} \tag{2.8}$$

当参数 a 的值为 1 时,可以得到 F_1 的值,即

$$F_1 = \frac{2 \times Precision \times Recall}{Precision + Recall} \tag{2.9}$$

（4）归一化折损累计增益

一个好的推荐结果除了为用户推荐其倾向购买的物品,还应该按照其购买倾向对推荐物品进行排序,将其最倾向购买的物品放在前面的位置。因此,还需要评估推荐结果排序质量的指标,常用归一化折损累计增益来衡量推荐列表中的物品排序的质量。

在推荐系统中,推荐列表中的每一项都有一个相关性的评分值,通常这个值是非负数,为增益。累计增益(Cumulative Gain, CG)是将推荐列表中每一项结果的相关性分值相加,如式(2.10)所示。其中,rel_i 表示第 i 个位置推荐结果的相关性,n 表示推荐列表的大小,即推荐列表中物品的数量。

$$CG = \sum_{i=1}^{n} rel_i \tag{2.10}$$

但是 *CG* 只考虑了推荐列表中物品的相关性,并未考虑具体物品的位置,相关性大的物品应该在推荐列表中更靠前的位置,因此引入折损累计增益

（Discounted Cumulative Gain，DCG）来评估推荐物品处于不同位置对整体推荐结果的影响，如式（2.11）所示。由式（2.11）可得，推荐列表中物品的相关性越大，*DCG* 越大；推荐列表中相关性大的物品位置越靠前，则整体的 *DCG* 越大。

$$DCG = \sum_{i=1}^{n} \frac{2^{rel_i} - 1}{\log_2(i + 1)} \tag{2.11}$$

NDCG 的计算方法如式（2.12）所示。其中，*IDCG* 表示最理想的推荐排序，也就是说相关性最大的物品排在最前面，相关性最小的物品排在最后面，所有物品完全按照相关性倒序的方式进行排列。由此可知 *DCG* 的取值范围是（0，*IDCG*]，故 *NDCG* 的取值范围是（0，1]。

$$NDCG = \frac{DCG}{IDCG} \tag{2.12}$$

（5）准确率

准确率表示预测正确的物品数占总物品数的比例，一个准确率高的推荐系统不仅能为用户推荐其喜欢的物品，还能不为用户推荐其不喜欢的物品。准确率的具体计算方法如式（2.13）所示。

$$Accuracy = \frac{TP + TN}{TP + TN + FP + FN} \tag{2.13}$$

2.1.5　基于评测方法的评价指标

（1）评分预测的评价方法

在推荐系统中，一个重要的任务就是预测用户对没接触过的物品的评分。那么衡量评分预测的准确度就成了推荐系统的重要步骤之一。常用的评分预测准确度计算方法包括均方根误差（RMSE）和平均绝对误差（MAE）。公式分别定义如下：

$$RMSE = \sqrt{\frac{\sum_{i=1}^{M} (x_i - \widehat{x_i})^2}{M}} \qquad (2.14)$$

$$MAE = \frac{\sum_{i=1}^{M} |x_i - \widehat{x_i}|}{M} \qquad (2.15)$$

式中，$\widehat{x_i}$ 为第 i 个预测的评分；x_i 表示测试集中实际的评分；M 为测试集的样本数目。

均方根误差和平均绝对误差相比，在平均误差相同时，均方根误差更倾向于惩罚误差较大的项。比如同样是预测用户对两个物品 a 和 b 的评分，如果有两种预测方式：第一种是两个物品的预测误差都为 1 分；第二种是物品 a 的预测误差为 2 分，物品 b 的预测误差为 0 分。那么均方根误差认为第一种预测方式更加准确，而平均绝对误差认为这两种预测方法一样准确。除常规的均方根误差和平均绝对误差外，还有很多拓展，如正则化的均方根误差和平均绝对误差等。

（2）排名预测的评价方法

现实应用中，很多系统不在意用户对物品的评分是多少，而只希望寻找用户想要的物品。比如在广告和购物系统中，平台运营者希望将用户感兴趣的物品放在靠前的位置，从而提升用户的查找效率。所以评价排名预测的好坏成为推荐系统的重要课题。通常的评价方法首先将用户点击过的部分物品作为训练集，然后将另一部分作为测试集。这样划分的假设是用户没有点击过的物品代表用户不感兴趣。算法预测出推荐列表后，将该列表和测试集的列表进行对比，可将对比结果分为四部分：推荐列表包含且测试列表也包含（真阳性）；推荐列表包含但是测试列表不包含（假阳性）；推荐列表不包含但是测试列表包含（假阴性）；推荐列表不包含且测试列表也不包含（真阴性）。分别将其用 tp、fp、fn、tn 来表示，则精确率和召回率的公式分别为

$$Precision = \frac{tp}{tp + fp} \qquad (2.16)$$

$$Recall = \frac{tp}{tp + fn} \tag{2.17}$$

点击预测一般先设定推荐数目 N，然后生成一个 Top-N 的推荐列表。使用准确度和召回率来衡量推荐的质量。如果推荐的数目 N 增大，覆盖的推荐物品越多，召回率提高，但准确度下降。因此召回率和准确度是两种相斥的衡量指标，往往要通过人工调节找到较好的推荐列表长度。在公开数据集上的评价一般设定 N 为 10 来比较准确度和召回率。为了更加公平、全面比较不同算法的准确度和召回率，有时候会使用准确度和召回率的曲线进行比较，也就是 Precision-Recall 曲线。

在很多应用中，不但需要为用户推荐商品，还需要进行排序。用户一般只关注推荐列表开始的一些物品，而忽略后面的物品，所以需要衡量推荐列表顺序的准确性。有两种常用的衡量方式，一种是基于物品的相对位置进行衡量，另一种通过预测排序的标签值进行衡量。在第一种方法中需要定义正确的相对顺序数 C^+、错误的相对顺序数 C^-、非并列的参与排序数的衡量指标 C^u 和真实标签并列的排序数衡量指标 $\widehat{C^u}$：

$$C^+ = \sum_{ij} sgn(r_{ui} - r_{uj}) sgn(\widehat{r}_{ui} - \widehat{r}_{uj}) \tag{2.18}$$

$$C^- = \sum_{ij} sgn(r_{ui} - r_{uj}) sgn(\widehat{r}_{ui} - \widehat{r}_{uj}) \tag{2.19}$$

$$C^u = \sum_{ij} sgn^2(r_{ui} - r_{uj}) \tag{2.20}$$

$$\widehat{C^u} = C^u - (C^+ + C^-) \tag{2.21}$$

基于以上定义，标准化距离性能度量指标（Normalized Distance-based Performance Measure，NDPM）定义如下：

$$NDPM = \frac{2C^- + \widehat{C^u}}{C^u} \tag{2.22}$$

最好的情况下，$NDPM$ 的取值为 0，所有推荐物品的相对位置都和真实情况一样。最坏的情况下为 1，在最坏的情况下推荐结果和真实结果顺序正好相反。

在另一种衡量方法中，用户的真实标签被用来衡量排序的准确性，并通过衰减函数体现靠前推荐结果的重要性。有些应用只推荐少数几个物品,用户一般只能看到有限个数的推荐结果,此时推荐列表中排序靠后的物品不像前面的那么重要,所以,随着物品的序号增大,物品的重要性衰减很快。R-Score 就是用来衡量这种情况的指标:

$$R_u = \sum_u \sum_j \frac{max\ (r_{ui_j} - d, 0)}{2^{\frac{j-1}{\alpha-1}}} \qquad (2.23)$$

式中,u 代表用户;i 代表物品;j 代表列表中的序号;那么 r_{ui_j} 就表示在 j 位置的物品 i 的实际评分;d 表示用户 u 的平均打分,所以,分子表示从 0 和用户相对于平均评分的偏置取最大值。分母是指数函数,随着列表序号 j 的增大呈指数级增长,也就是该位置对整体的影响快速衰减。

在一些应用中,用户会浏览大量的推荐结果,比如商品搜索结果、电影推荐结果等。那么用户浏览的大量推荐结果都较为重要,所以需要使用衰减较小的函数来衡量推荐结果的准确性。标准化折损累计增益(Normalized Discounted Cumulative Gain, NDCG)是信息检索中常用的评价指标,同样可以在推荐系统中使用。该指标在衡量推荐序列时使用对数衰减函数,更加适合在用户浏览大量结果时使用。首先定义折损累计增益:

$$DCG = \frac{1}{N} \sum_{u=1}^{N} \sum_{j=1}^{J} \frac{r_{ui_j}}{max\ (1, \log_b j)} \qquad (2.24)$$

r_{ui_j} 表示在 j 位置的物品 i 的实际评分。分母为折损函数,对于位置越靠后的推荐结果,折损函数越大,对整体的影响越小。其中,b 为大于 0 的常数,一般设置为 2。标准化折损累计增益:

$$NDCG = \frac{DCG}{DCG^*} \qquad (2.25)$$

式中,DCG^* 为理想情况下的值。本书的实验过程中采用标准化折损累计增益来衡量推荐结果的准确性。

2.2　检索技术

当前主流搜索引擎如谷歌、必应、百度等主要提供单模态检索服务。单模态图像检索的相关研究始于 20 世纪 70 年代，经过几十年的发展，目前单模态图像检索技术主要分为 7 类。

2.2.1　基于文本的检索

传统的图像检索系统通常采用基于文本的图像检索，首先根据图像语义对这些图像进行关键字人工标注，然后通过关键字匹配进行查询。基于文本图像检索的实质是将图像检索转换为文本检索，此方法虽然能够取得一定的效果，但由于图像本身包含的信息非常丰富，人工标注带有强烈的主观性，导致无法用关键字准确全面地表达图像所包含的信息。因此，该技术的关键是如何给出准确、规范、全面的文本标注，而文本标注的质量直接影响着图像检索的准确度。此外，图像的人工文本标注非常耗时耗力。

2.2.2　基于内容的检索

基于内容的图像检索将图像按底层特征如颜色、形状、纹理等进行索引。其检索过程主要分为 3 步：①提取图像底层特征；②设计特征融合方法；③相似度匹配，返回特征相似的结果。

图像的底层特征可以通过图像处理算法自动获得，避免了人工标注的主观性，节省了大量人力资源。通过视觉信息建立索引，大大提高了检索效率。最早成功应用基于内容的图像检索技术的是 IBM 的 QBIC 系统，此外，比较著名的还有伊利诺伊大学的多媒体分析和检索系统、麻省理工学院的 Photobook 等。

2.2.3　基于语义的检索

基于内容的图像检索技术通常是根据图像的底层视觉特征进行检索,图像之间的相似性建立在图像底层视觉特征的相似性上,这对于"以图查图"的检索会很适用。但现实中,用户通常根据图像的高层语义来理解图像并判断其是否相似。而目前利用计算机视觉技术就能自动提取的底层视觉特征还无法直接准确地描述图像的语义内容,导致基于内容的图像检索准确性急剧下降,这种差异称为"语义鸿沟"。基于语义的图像检索就是要求计算机学习人类的逻辑推理能力,对提取的视觉特征加以分析,建立底层特征与高层语义之间的关联,从人的视角感知图像所表达的内容以达到检索目的。目前,很多学者已经进行语义检索方面的研究,并开发出基于语义检索的系统,如 Visengine,iFind 等。

2.2.4　基于上下文的检索

上下文是指任何能够间接为图像检索提供信息的内容,可以通过图像的标签、图像所嵌入的网页包含的其他媒体信息等获取。对于一幅图像中的某个物品,其他物品和场景及这些物品间的空间关系等也是它的上下文信息。从微观的角度,图像特征空间的上下文信息是指以某一特征点为中心的一定空间区域内的信息。在衡量特征间的相似度时引入空间上下文信息,能够提高结果准确度。基于上下文的图像检索广泛地应用于基于 Web 的互联网图像检索中,与传统的图像检索相比,基于 Web 的互联网图像检索具有一定特殊性,因为互联网中图像都是嵌入在网页中的,网页中包含的其他文本或图像信息在图像的特征提取和分析中发挥着重要作用。基于 Web 的互联网图像检索可以根据图像网页的上下文信息和网页的结构对图像进行检索。这种检索技术很大程度上依赖于自然语言处理技术和人工智能技术。

2.2.5　基于示例的检索

　　基于示例的图像检索将多示例学习算法应用于图像检索领域。多示例学习将每个训练样本看作一个包,样本的每个特征作为一个示例,即包是示例的集合。每个包有一个训练标签,示例没有标签。若一个包至少包含一个正例,则为正包,否则为负包。多示例图像检索将每幅图片看作一个包:首先,对图像进行分割等预处理,提取多维特征向量,每个特征向量作为一个示例;然后,应用学习算法预测用户感兴趣的语义概念,并据此检索与之相似的包。常用的学习算法有多样性密度(Diversity Density, DD)算法、结合最大期望(Expectation Maximization, EM)算法与 DD 算法的 EM-DD 算法、引文最近邻、支持向量机(Support Vector Machine, SVM)、神经网络等。由于图像包含的内容十分丰富,并且常常存在多义性,采用一个标签标记一个包导致系统无法获得更复杂的高层语义信息。Zhou 等提出了多示例多标签(Multi Instance Multi Label, MIML)学习算法 MIMLBoost 和 MIMLSVM,将 MIML 问题分别转化为多示例单标签问题和单示例多标签问题,并通过大量实验与传统监督学习、多示例学习、多标签学习进行对比,结果表明 MIML 算法在解决包含多重语义信息的复杂对象相关问题时优于其他 3 种方法。上述方法的问题是将每个包的多个标签同时赋予包中的所有示例,不考虑不同标签与图片的相关性,这与实际情况不符。Wu 等提出了基于马尔科夫链的 MIML 算法,利用马尔科夫链预测标签对图片的重要性排序,大大提高了算法的准确率。由于传统监督学习的本质是单示例单标签问题,MIML 问题实质上是监督学习的进化版本,因此 MIML 问题的研究方向可扩展至传统监督学习的增量学习等领域。

2.2.6　多模态跨模态检索

随着移动互联网的发展,文字、图片、视频、音频等多媒体数据飞速增长,促使多模态、跨模态检索需求大大增加。多模态检索即融合不同模态的检索,查询和待检索数据至少有一种相同模态,如将以视觉特征检索和以标签检索结果组合得到最终结果。跨模态检索即对不同模态的关系建模,实现模态间的检索,查询和待检索模态不必相同,如以文本搜索图片、以图片搜索视频等。与传统多模态检索不同,跨模态检索的关键在于将不同模态的数据映射到一个公共空间,对二者的关系建模。如何跨越不同模态数据间的"媒体鸿沟",建立跨模态数据的通用表示,是跨模态检索研究面临的主要问题。

将深度学习应用于跨模态检索领域,不仅为解决不同模态异质数据之间的"媒体鸿沟"提供了大量特征学习与表示方面先进的研究成果,深度学习的网络结构特性也为实现将跨模态特征提取与低维公共空间特征表示统一在一个框架内,实现端到端学习提供了一种解决方案。然而,随着多媒体数据的不断增长,采用深度学习的特征表示由于维数过大而面临存储空间与检索效率的挑战,导致无法适应大规模多媒体数据检索。

为解决大规模多媒体数据的跨模态检索中存储空间和计算效率问题,将信息检索领域常用的哈希方法应用于跨模态检索是目前的热门研究方向。跨模态哈希方法将图像和文本映射到公共汉明空间,以"+1/−1"构成的二值低维向量表示和存储数据,大大降低了存储空间的消耗和计算复杂度,有效地提升了检索效率。现有的跨模态哈希方法主要分为基于浅层模型的方法和基于深层模型的方法。基于浅层模型的方法仍采用依赖领域知识的手工设计特征,在特征提取和表示方面的表现逊于基于深层模型的方法,但在模型训练难度和速度上优于后者。基于深层模型的方法即将深度学习与跨模态哈希结合起来,既保留了深度特征表示的高效性又兼顾了哈希方法在数据存储与检索速度上的优越性。

2.2.7 个性化检索

为了解决互联网图像过载问题,提高用户查询效率,可将个性化技术引入图像检索系统中,采用图像分析与处理技术,结合用户的检索行为信息,提高图像检索的准确率和效率。

个性化图像检索是被动的图像获取方式,系统根据用户的输入和个性化信息去获取用户所感兴趣的图像。个性化图像推荐是主动的图像获取方式,系统根据用户的个性化信息主动为用户推荐用户可能感兴趣的相关图像。

个性化图像推荐与检索综合考虑查询图像相关性和用户兴趣,使得图像检索结果具有用户针对性,更符合个人需求,因此,个性化图像推荐与检索受到越来越多的重视,现已成为新一代图像检索的发展趋势。

近年来,随着机器学习的不断发展,利用深度学习提取图像的深层语义特征得到广泛应用。特别是卷积神经网络在图像识别领域取得的重大进展,基于卷积神经网络(Convolutional Neural Network,CNN)特征的图像检索性能相比基于传统手工设计特征的图像检索取得重大突破。Salvador 等研究从目标检测的 CNN 网络 Faster R-CNN 中,经过池化获得的基于图像和基于区域的表达。利用从区域建议网络中获得的目标建议,以及共享的 CNN 特征,来完成实例检索系统设计,并发现以此获得的检索图像特征更有利于图像检索。Jimenez 等提出一种基于预测目标图像语义信息的卷积层局部响应的编码方法,使用类激活图来获得图像中最具有辨识能力的区域。类激活图是通过网络的输出信息来获得的,因此不需要增加额外的信息,提升了检索结果。Mohedano 等使用词袋聚合的方法对 CNN 的卷积特征进行编码,提出一种简单的信息检索方法。将卷积层的每个输出与一个视觉单词相对应,生成一种将图像区域和视觉单词联系在一起的密集表达。实验证明词袋聚合方法使检索性能相比求和池化获得显著提升。

2.3 本章小结

　　本章对常用的推荐技术和检索技术进行介绍。推荐技术部分主要介绍了基于内容的推荐、协同过滤推荐、个性化混合推荐、推荐系统的评价指标;检索技术部分讲解了基于文本的检索、基于内容的检索、基于语义的检索、基于上下文的检索、基于示例的检索、多模态跨模态检索以及个性化检索。

第3章 个性化推荐与检索

个性化推荐与检索能够缓解信息过载的压力,为用户提供个性化的信息检索和推荐服务。个性化图像推荐与检索主要分为两类:基于内容的个性化图像推荐与检索、基于协同过滤的个性化图像推荐与检索。

3.1 基于内容的个性化图像推荐与检索

如图 3.1 所示,基于内容的个性化图像推荐与检索包含的关键技术主要有用户兴趣获取、用户兴趣表示和个性化的实现。首先,系统收集用户对图像添加的标签,以及浏览、点击、保存等操作信息和查询历史等,通过特征提取、语义关联等方法对这些信息进行处理得到用户兴趣信息;然后,采用适当的用户兴趣表示方法建立用户兴趣模型;最后,通过个性化图像检索方法得到检索结果返回给用户,同时收集用户对结果的反馈信息以优化检索结果。

3.1.1 用户兴趣获取

用户兴趣信息的主要来源有用户对图像添加的标签、用户对图像的操作信息和用户对系统的反馈。针对不同的信息来源有不同的兴趣获取方法。

(1)基于标签的用户兴趣获取

近年来,社交网站已成为高效的信息交换平台,在这些平台上进行内容分

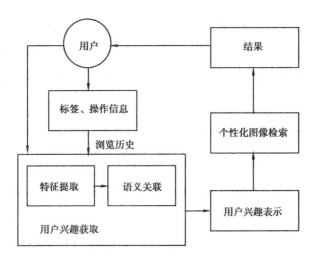

图 3.1 基于内容的个性化图像检索与推荐系统结构

享逐渐成为人们生活中的一部分。一些主流社交网站如 Flickr、Instagram、微博、微信等积累了大量用户,为用户信息挖掘提供了丰富的数据。在内容呈现上,传统的按照时间顺序显示已无法满足用户的个性化需求,用户更希望看到他们认为重要的信息而不是系统认为重要的信息。除用户分享的内容外,用户为这些内容添加的标签往往包含更多的个性化信息。图像检索系统如果能够充分利用这些标签挖掘用户感兴趣的图像类型,将大大提高检索效率。Sang 等收集 Flickr 网站上用户分享的图片及标签等信息,为每位用户建立主题模型。主题模型将用户感兴趣的图像类型划分为若干主题,每个主题包含若干关键词(标签)。检索过程中将查询图像映射到用户感兴趣的相关主题以获取包含兴趣信息的检索结果。Liu 等提出了一种基于标签相关性的排序算法,该算法能够根据与查询标签的相似性自动对图像进行排序,并综合考虑图像视觉内容的相似性和语义相似性。Cheung 等提出了一种基于目标识别的图像自动标注算法,采用标签直方图建立用户兴趣描述。

(2)基于用户操作的兴趣获取

用户对图像的操作信息包括检索历史、浏览、保存等,通常由系统记录,保存在日志文件中。这些对图像的操作信息反映了用户对图像的偏好。例如,用户的检索历史反映了其在一定时间内感兴趣的图像类型,用户保存某幅图像说明其对该图像是感兴趣的。通过获取这些操作信息,可以获得一组反映用户感兴趣程度的图像集。通过挖掘这些图像中的相似信息可以得到基于图像内容的用户兴趣描述。邱兆文等根据用户访问历史和行为日志将图像数据分为用户保存的图像、用户曾浏览的图像和用户未曾见过但可能感兴趣的图像,通过用户对这些图像的查询、浏览、保存等操作建立用户语义模型、用户兴趣模型和用户意图模型。Fan 等采取一种交互式个性化检索方法,将检索结果可视化,通过用户对检索结果的点击行为获取用户感兴趣的图像类型,经过多次迭代缩小检索范围。Yu 等提出了一种排序的学习算法,同时利用图像的视觉特征和用户点击特征来获得排序模型。

用户的浏览历史及用户对图像的操作信息中包含的用户兴趣信息通常隐藏在图像的底层特征中,不能直接用于建立用户兴趣模型,因此利用机器学习工具建立图像底层特征与查询概念间的关联。Zhang 等采用二元线性 SVM 对每个概念进行一对多的分类,与传统方法的不同之处是采用结构化语义表示用户兴趣,对于每个概念,将其本身或其后继节点作为正样本,其余作为负样本。

Jayech 等提出了一种树增广朴素贝叶斯分类器将人脸图像的底层特征与高层语义关联起来,得到给定类别时 2 类特征相互提供的信息。贝叶斯分类的基础是贝叶斯定理,朴素贝叶斯理论采用了条件独立假设,即在给定类的条件下各个维度的特征相互独立。显然这一假设在现实世界中通常不成立,因此该假设在简化计算的同时牺牲了一部分分类准确率。上述 2 种方法均依赖于大量标签数据,且当应用领域变化时需要新的标签样本进行训练。Kurtz 等采用无监督的 K-means 算法对输入数据进行聚类,这一过程不需要标签对结果进行评估。无监督学习算法通过对相似样本聚类并最大化类间距离以发现输入数据可能存在的关系。Lin 等提出了一种改进的快速 K-means 算法,将图像的像素点按照颜色空间分层,计算每层像素所属的聚类中心。该方法不仅提高了聚类效率还解决了随着样本增加需要重新计算聚类中心的问题。

近年来,随着大规模图像识别数据库 ImageNet 的建立与完善,以及计算机硬件的飞速发展,神经网络在图像分类识别领域取得了重大突破。在 2012 年的 ImageNet 图像分类比赛中,Alex Krizhevsky 的研究小组凭借深度学习模型 AlexNet 取得冠军。AlexNet 网络结构由 5 层卷积层和 3 层全连接层组成,采用 Dropout 训练策略,通过镜像映射和增加随机平移扰动以获得更多训练样本,减少过拟合,并以修正线性单元作为非线性的激活函数,大大降低了计算复杂度。深度学习所采用的特征是网络自动从大量训练数据中学习出来的,而非传统手工设计特征,实现了从像素级特征到抽象语义特征的逐层提取,具有强大的特征提取和表达能力,广泛应用于图像检索。Karpathy 等提出了一种深度神经网络模型,提取描述图像的句子片段与图像区域的关联,从用户操作的上下文中获得其感兴趣的信息。Xia 等采用深度卷积神经网络模型将图像特征提取和散列函数的学习过程结合起来,克服了传统手工提取特征无法表达准确语义信息的缺点。Zhao 等利用卷积神经网络学习图像特征表示和保留多级语义相关度的散列函数,建立多标签图像到散列码的映射,从标签相似度中获得用户兴趣偏好。

（3）基于相关反馈的用户兴趣获取

传统基于内容图像检索系统通过收集用户对检索结果的反馈信息调整输出结果,改善由于图像底层特征和高层语义之间的“语义鸿沟”造成的偏差。用户对系统的反馈即向系统提供明确的表示其感兴趣或不感兴趣的信息,包括向系统提供感兴趣或不感兴趣的具体描述、对检索结果的正反馈和负反馈、检查并修改系统对用户兴趣的描述等。相关反馈技术通常与前两种方法结合使用,以提高对用户兴趣描述的准确性。在个性化检索的实现阶段,相关反馈技术也将发挥重要作用,在后文中将详细介绍。

除上述几种主要的获取途径外,用户本身的一些特征如年龄、性别、职业等也会作为参照信息来决定用户偏好;利用社交网络的特点,发现人与人之间的关联,从而根据相似用户的偏好来推测个性化信息。

（4）用户兴趣获取方法对比

基于标签的用户兴趣获取不需要用户显式地参与到信息收集过程中,具有简单、快速、精确的优点。但通常情况下,用户主动添加的标签数据量非常小,这些标签有时并不能准确描述图像内容,如用户可能故意添加不相关的标签以吸引关注,甚至一些拼写错误也会严重干扰用户兴趣描述的准确性。基于用户操作的兴趣获取同样不需要用户的参与,但是历史数据不能反映用户兴趣的实时变化,其准确性也大打折扣。基于相关反馈的用户兴趣获取保证了系统动态更新信息,但多数情况下,用户宁愿得到不精确的查询结果,也不愿意向系统提供更加详细的描述,即相关反馈也面临数据稀疏性问题。表 3.1 对 3 种用户兴趣获取方法进行对比。

表 3.1　用户兴趣获取方法的比较

用户兴趣 获取方法	个性化信息 表现方式	用户是否 直接参与	数据量	准确度	实时性
基于标签	显式	否	小	高	好
基于用户操作	隐式	否	大	低	差
基于用户反馈	显式	是	小	高	好

3.1.2　用户兴趣表示

个性化图像检索常用的用户兴趣表示方法主要有向量表示法、主题模型表示法及本体表示法。

（1）向量表示法

向量表示法是指用一组关键词或图像视觉特征组成的向量表示用户兴趣信息。其中,关键词可以由用户直接输入,或通过学习算法得到,这与用户兴趣获取方式有关。图像包含的内容十分丰富,不同用户对同一幅图像关注的信息不可能完全一致。因此单纯采用关键词或底层特征描述一幅图像只能表示图像的一般特征，无法准确描述用户偏好。为了克服向量表示法的这一缺陷，Qiu等采用了一种改进的向量表示法。该方法将用户兴趣模型表示成一系列特征及其相应权重组成的 n 维特征向量，对出现频率高的特征赋予较高权值，出现频率低的特征赋予较低权值。关键词的权值确定可采用词频−逆文档频率、Okapi BM25 等方法 。

向量表示法可反映每种特征的重要程度，是目前比较流行的用户兴趣表示方法。但是用户兴趣比较复杂，仅用一组特征难以准确、完整地表现用户兴趣。向量表示法更适合表达用户的短期兴趣。短期兴趣仅描述用户在一次检索中查找的内容，而长期兴趣是从每一次检索中搜集整合的用户兴趣信息。因此，短期兴趣所包含的特征远远少于长期兴趣，便于用一组向量表示。

（2）主题模型表示法

当描述用户兴趣的关键词非常多时，采用向量表示法使得特征维数过大，降低了检索效率。而且，有时字面上毫不相关的 2 个词语可能包含某种语义关联，如手机、苹果、乔布斯等。如果单纯依靠关键词相似性进行检索，可能会导致结果出现偏差。Sang 等采用主题模型表示用户兴趣，有效避免了上述问题。主题模型是对描述图像特征的关键词所隐含的主题进行建模的方法。主题是一组关键词的集合，同一关键词可出现在多个主题中，但在不同主题中出现的概率不同。计算机使用一定的数学方法对每个用户的语料库进行分析，计算每个标签对应每个主题的概率，通过建立用户特定主题模型，可以获得以概率表示的用户特定主题和用户主题偏好。

对于收集到的用户兴趣信息，建立作为其抽象表示的主题分布，通过一些距离公式计算图像间的语义距离，从而得到图像之间的相似性。主题模型解决了多义词的问题，如"苹果"可能表示水果或手机品牌，通过主题间的匹配可以得到它与其他关键词的相似度。主题模型的训练方法主要有概率隐语义分析和潜在狄利克雷分配。

信息检索系统中常用的词袋模型也可以看作一种主题模型表示法。其将文档看作一组无序的单词的集合,忽略语法和词序。将词袋模型应用于图像数据,就产生了视觉词袋模型。将图像看作一系列"视觉单词"的集合,所谓"视觉单词"即图像的低维特征,通常采用尺度不变特征变换特征。提取用户感兴趣的图像的底层特征,通过聚类将相似的词汇合并,得到表示一类图像的基向量。然后用该基向量量化图像特征,用词频表示图像。词袋模型既可表示图像的文本标签特征也可表示图像的视觉特征,使图像检索系统具有更好的可扩展性。虽然一般情况下词袋模型能够取得不错的结果,但它却忽略了图像的几何信息,如位置、方向等,而且无法表现图像中的背景、对象间的关系等语义信息。Yang 等将图像分割为若干区域,计算各区域的视觉单词并连接起来构成一个完整的特征向量。这种做法整合了图像的空间信息,但加大了计算量,且适用范围较小。Liu 提出了一种基于上下文的主题模型,用于处理长查询,即查询输入可以是任意长度的文本,而不再局限于图像本身或精简的几个词语。该模型可以从长查询中识别多个主题,利用"视觉单词"向用户返回与每个主题最相关的一组图像。

(3)本体表示法

本体是对概念化对象的精确描述。简单来说,本体是对客观世界中抽象出来的某些概念的明确的形式化描述,它包含了事物的种类、性质等信息并且反映出事物间的关系。本体间的关系主要有 Is-a、Part-of、Instance-of 等。本体表示法的基本思想是通过一个本体概念向量来描述兴趣特征,这些本体通常采用树形层次结构的组织形式,树的每个节点表示了用户的一个兴趣类。Fan 等建立了主题间基于概念本体论的单向 Is-a 层次关系。由于图像主题间的上下文关系非常复杂,因此在 Is-a 层次关系的基础上建立主题间的语义网络。用两个主题的语义相似性和信息量定义主题间的相关性。信息量与两个主题的共现概率有关,共现概率越大,信息量越大;语义相似性和信息量越大,主题间相关度越大。Deng 等为图像的语义特征创建了结构化索引,采用一组概率表示的语义特征向量描述一幅图像,这些特征包括对象种类、从属关系、视觉特征描述等,其中种类作为最主要的特征决定了两个图像的相似度,即共享更低层次祖先的两个类别具有更高的相似性。Jiang 等建立了基于用户本体的用户模型,不仅考虑了概念和分类信息,还考虑了非分类信息,能够提供更加丰富和准确的用户兴趣表示。所谓用户本体,是对传统的对象本体以用户的视角进行描述,通过对概念间的关系强弱赋值,以表达用户的个性化信息。

表 3.2 对 3 种用户兴趣表示方法从 3 个方面进行对比。

表 3.2　用户兴趣表示方法的比较

用户兴趣表示方法	信息量	适用兴趣类型	适用特征类型
向量表示法	较小	短期兴趣	视觉特征、语义特征
主题模型表示法	较大	长期兴趣	语义特征
本体表示法	较大	长期兴趣	语义特征

在许多图像相关的处理中,有代表性的和识别力的特征表示方法非常重要。尤其是以用户为中心的检索或推荐中,不仅要考虑图像特征,还要关注用户兴趣和意图,因此需要更高效的表示方法。利用深度学习方法自动获取这种特征表示是目前的一个热门研究方向,主要方法可分为两类:①直接将在大型图像数据库(如 ImageNet)中预训练好的特征表示应用于新的图像检索任务;②根据具体任务设计新的损失函数,重新训练网络得到适应目标任务的特征表示。Wan 等通过大量实验对比了两类方法及传统手工特征在图像检索任务中的表现,结果表明深度学习特征表示优于传统手工设计特征,重新训练网络获得的特征明显优于直接使用预训练特征,但在计算复杂度和资源消耗方面后者具有明显优势。此外,深度学习特征表示在跨模态检索领域的应用也吸引了大量研究者的注意。Geng 等采用一个深度模型,学习出将图像和用户特征结合起来的统一特征表示。具体实现方法是将异质的用户-图像网络转化为同质的低

维特征,使得系统可以直接利用特征相似性进行推荐,克服了用户-图像数据稀疏问题和图像内容过于丰富带来的挑战。Lei 等提出了双网深度网络,由两个子网分别将图像和用户偏好映射到相同的潜在语义空间,根据二者之间的距离进行决策,并在此基础上提出了比较深度学习方法对双网深度网络进行训练。随着移动互联网的发展,各种多媒体资源的交叉检索需求将大大增加,深度学习在该领域的应用有待进一步研究。

3.1.3 个性化实现

个性化图像检索中个性化的实现方法主要有查询优化和结果优化,即对用户输入的查询信息进行调整或对用户得到的检索结果进行优化。

(1)相似性度量

个性化图像检索系统从两个方面考察图像的相似性,即底层特征距离和语义相似性。底层特征常用的距离度量有余弦距离、欧氏距离、基于位置的度量和直方图交叉等。对于语义的相似性,Burdescu 等通过比较查询图像与数据库图像的 KL 负距离衡量,Zhang 等通过优化结构化语义网络中各节点的距离得到距离矩阵,使得相似语义节点距离最小。Kurtz 等将视觉特征和语义特征的不相似性结合起来,采用 Kurtz 提出的分层语义距离比较高维特征之间的相似性。

(2)查询优化

由于用户通常不能对图像进行准确描述,而计算机自动提取的底层特征只是对图像的一般性描述,不包含任何个性化信息。因此,查询优化方法试图利用用户兴趣模型来对用户的查询进行添加或删除部分查询项,以获得更准确的描述。此外,查询优化也包含调整查询项的特征权值等。

Sang 等将用户对图像添加的标签信息收集起来,为每个用户建立主题模型。在检索过程中,将查询图像映射到用户感兴趣的相关主题,以相关主题中包含的关键词作为查询的补充,达到扩展查询的目的。

相关反馈是图像检索领域常用的获取个性化检索结果的方法。典型的方法有根据用户反馈信息调整相应特征权值,根据用户反馈的正例和负例信息调整初始查询向量使其接近最佳查询向量,对相似的查询进行聚类,从这些类中选择具有代表性的查询建立多点查询。Su 等提出了一种结合上述 3 种方法的基于浏览模式的相关反馈,克服了传统相关反馈方法冗余浏览等问题。Kovashka 等通过请求用户对具有相对视觉属性的图像对进行选择,主动获取用户反馈。由于呈现给用户的图像对是经过系统筛选的,克服了传统被动反馈方法的不确定性。

（3）结果优化

对检索结果的优化主要有两种方法:①利用个性化信息对检索结果重新排序,得到个性化检索结果;②利用个性化信息对检索结果进行过滤,滤除用户不感兴趣的图像。

对检索结果重新排序的过程通常为提取检索结果的语义信息、与用户兴趣模型进行对比、将检索结果按照与用户兴趣相关度递减的顺序重新排序。对检索结果的过滤是指将检索结果按递减顺序重新排序后,将排序靠后的图像直接丢弃。对检索结果的过滤可看作对结果重排序的补充,在实际应用中也常常将两种方法结合起来,相互补充,达到更加准确的检索效果。显然,结果优化实际上属于分类问题。采用适当的学习算法训练用户兴趣模型是检索的关键。传统的机器学习算法如决策树、SVM、朴素贝叶斯等均有广泛应用。

3.2 基于协同过滤的个性化图像推荐与检索

社交网络除了可以进行内容分享,还可以建立用户之间的关联。因此可以通过挖掘用户的相关性或图像本身的相关性来推测符合用户兴趣的图像,这种方法称为协同过滤。相关性通过用户对图像的评分矩阵来衡量,用户、物品和评分对应矩阵中的行、列、值。利用启发式方法或概率统计方法,根据已知的打分来推测未知的打分,从而实现个性化检索。基于协同过滤的个性化图像检索可以分为基于用户的推荐、基于物品的推荐和基于模型的推荐。

3.2.1 基于用户的协同过滤

基于用户的协同过滤方法的基本思想是将与目标用户相似的用户喜欢的物品推荐给目标用户。与传统的基于人口统计信息(性别、年龄、职业等)的"相似"不同,这里所说的"相似用户"是基于用户对物品的打分数据计算的。具体方法为将用户-物品-评分矩阵的每一行看作一个用户,计算某用户与其他所有用户行向量的相似度,选取与该用户最相似的前 N 个用户,根据这些用户的打分情况进行预测和推荐。其中,相似度的计算通常采用欧氏距离、Pearson 相关性系数、余弦相似度等指标。

基于用户的方法不需要借助图像内容特征描述用户偏好,避免了人们对图像数据理解及描述上的"语义鸿沟"问题。对于不同的用户,其最近邻是不同的,从而产生的个性化推荐列表,在数据充分的情况下能够达到较高的准确率,因而基于用户的方法得到了广泛应用。但随着用户规模和图像数量的不断增长,一些问题也逐渐显露。首先是冷启动问题,当系统加入一个新用户时,由于缺少该用户对系统内图片的打分数据,无法找到与其品味相似的用户。其次是数据稀疏性问题,实际应用中,即使比较活跃的用户打过分的图片数量占系统中图片总量的比例也较低,这导致基于最近邻的算法不能对某些用户做推荐,降低了算法的准确性。同时,最近邻算法的计算量随用户和图片数量的增加而增大,限制了系统的可扩展性。

3.2.2 基于物品的协同过滤

基于物品的协同过滤方法的基本思想是,为目标用户推荐与其过去喜欢的物品相似的物品。"相似物品"是以用户对物品的打分数据度量的而非物品本身的相似性。与基于用户的协同过滤方法类似,寻找相似物品的方法为将用户-物品-评分矩阵的每一列看作一个物品,计算某物品与其他物品的相似度,据此进行预测和推荐。

简单的预测方法是将与该物品相似度最高的前 N 个物品推荐给用户。复杂一点的方法是将物品的相似度作为权重对用户评分加权求和,求出的值即为用户对目标物品的评分。实际应用中,欧氏空间距离较远的 2 个评分向量可能有较高的相似度,因此直接对未经处理的用户评分加权求和可能导致误差较大。为避免这一问题,应用线性回归模型对用户评分进行拟合,用近似的相似物品评分计算加权和。

对物品变化程度不大或用户数量远远大于物品数量的系统来说,基于物品的协同过滤方法计算简单,便于实现实时响应。相较于基于用户的协同过滤方法,系统的可解释性更好,因为用户对与其相似的用户的信任度远低于对其曾经偏爱的物品的信任度。另外,当用户兴趣发生变化时,系统可以快速做出调整。

基于物品的协同过滤方法仍然存在冷启动问题,当系统中加入新物品时,由于缺少用户行为数据而无法将其推荐给任何用户。基于物品的协同过滤推荐与基于用户的协同过滤推荐方法相比,较少考虑不同用户的特点,在个性化上的表现较差。同时,数据稀疏性问题也影响系统性能。

基于用户和基于物品的协同过滤方法都采用了最近邻算法进行推荐,不同的是相似性的衡量标准是用户还是物品。最近邻算法的计算复杂度随着用户或物品数量增长而变大,因此决定了两种方法的适用范围。对于图像数据相对稳定而用户数量大大超过图像数量的应用,基于物品的推荐效率更高;对于图像数量巨大且更新频繁的应用,基于用户的方法更具优势。

基于用户和基于物品的协同过滤方法在许多方面是互补的,实际应用中也很少单独使用一种方法,经常结合使用以获得更好的性能。

3.2.3 基于模型的协同过滤

基于用户和基于物品的协同过滤推荐都依赖于用户对物品的评分,随着数据量的增长,两种方法都难以进行实时处理。基于模型的方法利用历史数据训练出一个模型,然后以此模型进行预测和推荐。该方法以用户和物品的特征为输入,用户对物品的评分为输出,利用奇异值分解、非负矩阵分解等矩阵分解技术,马尔可夫决策过程模型或贝叶斯分类、聚类、决策树等学习出一个模型并据此进行预测。类似于 Sarwar 等提出的线性回归方法拟合用户对目标物品的评分与对相似物品评分的关系,只是该模型的目的是直接预测目标评分而不是对相似评分的近似拟合。

基于聚类和贝叶斯网络的方法是建立一个用户对物品评分的概率模型,将用户历史打分作为模型拟合的目标,试图找到一个概率模型使得用户打分出现的概率最大化。网络的结构和条件概率的计算都是数据驱动的,好处是能够自动适应不同数据,缺点是每个用户只能属于一个类别。因为用户的偏好是多样化的,现实生活中用户可能属于多个类别,所以推荐结果并不准确和多样化。而且如果数据集较为稀疏,那么精度将大大下降。但是随着多源数据的出现,这些缺点得到了改进。例如,结合社交网络数据的聚类推荐算法不仅能提高在稀疏数据集的准确度,还能降低冷启动风险。

基于矩阵分解的方法在稀疏数据集上具有较好的准确度。现实中,稀疏数据非常常见,所以矩阵分解的方法应用较为广泛。矩阵分解方法一般和隐语义模型和奇异值分解模型相结合。奇异值分解的方法具有较高的准确度但是计算复杂度较高且不具有拓展性,数据更新后需要重新训练模型。所以传统的矩阵分解方法只能进行离线计算,不能满足实时更新的要求。随着研究的日益深入,矩阵分解的方法不但能较好地适应稀疏的数据集,还有很多优化方法能够提高其扩展性。

这种方法可以解决基于历史数据的方法面临的冷启动问题,实现实时响应,并能更好地适应稀疏数据,但对用户新增的喜好反应迟钝,并且模型训练过程复杂费时。

3.3　个性化图像推荐与检索方法对比

基于内容的个性化图像推荐与检索充分利用了基于内容的图像检索系统的方法,但仍然无法完全克服"语义鸿沟"对检索结果的影响。与基于内容的方法相比,基于协同过滤的个性化图像推荐与检索仅仅需要用户的历史打分数据,而不依赖于图像内容,因此检索过程无须添加标签等人工干预,适用于任何图像类型。基于协同过滤的方法充分利用了社交网络中用户之间的关联信息,但也存在许多基于内容的方法中不存在的问题,如冷启动、打分数据稀疏性问题、历史打分数据无法捕捉用户变化的兴趣爱好等。表 3.3 比较了两种方法的优劣。

表 3.3　基于内容的方法和协同过滤方法的比较

方法	解决方案	优点	缺点
基于内容的个性化图像推荐与检索	向用户推荐与其过去喜欢的图像特征相似的图像	可及时更新用户兴趣 可解释性好 不依赖用户评分数据 可向用户推荐新图像	依赖复杂的特征提取算法 新用户问题 过度专门化 推荐准确性依赖于用户反馈
基于协同过滤的个性化图像推荐与检索	向用户推荐与其相似的用户喜欢的图像,或与其过去喜欢的图像相似的图像	与具体图像特征无关 可实现跨领域推荐	新用户问题 新物品问题 难以发现新兴趣 依赖用户打分数据 可扩展性差 数据稀疏性问题

为了解决上述两种方法所存在的问题,可将基于内容的方法和协同过滤结

合起来。Widisinghe 等采用基于上下文与协同过滤相结合的混合方法进行图像推荐,考虑了用户在不同环境下变化的兴趣偏好。Liu 等采用混合的稀疏主题模型,该模型同时考虑图像内容处理和用户兴趣偏好,采用概率矩阵分解技术解决数据稀疏性问题。

混合方法大致可分为线性混合、顺序混合。线性混合即分别采用不同的方法计算得到不同排序结果,然后将它们组合起来得到最终结果,如加权融合、切换、混合。顺序混合包含两个步骤,首先采用一种推荐方法得到一组初步结果,然后在该结果基础上采用第二种方法得到最终精确结果。

3.4　本章小结

本章从用户兴趣获取、用户兴趣表示、个性化实现 3 个方面阐述了基于内容的个性化推荐与检索,从基于用户的协同过滤、基于物品的协同过滤、基于模型的协同过滤 3 个方面阐述了基于协同过滤的个性化推荐与检索,最后对基于内容的方法和基于协同过滤的方法进行分析对比。

第4章 基于传统机器学习的
多源异构数据推荐模型

随着互联网数据的不断丰富,结合评分、评论和社交网络的推荐模型较少且在稀疏数据集上准确度较低。本章描述了作者团队所提出的基于传统机器学习的评分、文本和社交网络混合推荐模型并在不同稀疏度的数据集上进行实验。模型使用线性回归来建立评分和评论特征之间的关系,从而预测用户对商品的评分。为了处理文本信息,生成对应的文本特征向量,本章实验对比了不同文本处理算法之间的差异。为了利用社交网络数据,模型采用社区发现算法来为用户划分社区,本章实验对比了有重叠和无重叠的社区发现算法。

4.1 问题描述

为了解决信息过载的问题,个性化推荐系统得到了广泛应用。协同过滤作为提出较早的算法,已经成为了推荐系统的基础。从推荐方法上看,近年来协同过滤和社交网络算法、文本挖掘算法相结合的推荐系统越来越多。从数据源看,今天融合社交网络、评论、时间等的推荐模型和传统的仅仅基于评分数据的推荐模型相比较,推荐结果的准确性、可解释性得到了提高,冷启动风险降低。如何融合多元数据来进一步提升推荐结果的准确度和可解释性,降低开销和冷启动风险成为研究重点。

为解决传统推荐算法所存在的问题,充分利用多源异构数据,本章模型融合了用户评分、评论和社交关系三类异构数据进行商家推荐,以更好地挖掘用户偏好和商家属性并提高推荐系统准确度,此外,根据新用户的社交关系数据为其划分社区,可减轻推荐系统的冷启动问题。为处理这三类异构数据,本研究提出一个基于传统机器学习方法的混合推荐模型,该模型通过话题模型抽取评论话题作为用户和商家特征,根据用户社交关系数据划分用户社区,以社区内用户特征为输入,训练回归模型,最后通过用户、商家特征预测用户对不同商家的评分并根据评分进行排序选择前若干个商家进行推荐。最后,研究设计了不同数据稀疏度的三组对比实验,实验结果表明,研究提出的模型在不同稀疏度数据集上的表现均优于所对比算法。

4.2　相关算法

本节介绍所提出的基于传统机器学习的多源异构数据推荐模型中所用到的算法。

4.2.1　Word2Vector

Word2Vector 算法在 2013 年由 Mikolov 等提出,现在已经广泛使用在词向量的学习中。通过实现并行训练的神经网络,此算法可以高效和准确地得到词的向量表示。Word2Vector 算法有两种结构,一种是 CBOW,另一种是 Skip-gram。两种结构均可以处理文本类型的数据,并将文本类型的数据表示为词向量的形式。模型采用了基于层次 softmax 的 Skip-gram 结构的模型,因为这个结构对稀少词的表示更好。

Skip-gram 模型的输入为词语 ω_t 的 one-hot 向量,输出为词语 ω_t 周围词出现的概率。词语 ω_t 的上下文的窗口大小为可调节的参数。在训练完成后,投影矩阵即为训练完成的词向量。Skip-gram 模型的目标是最大化如下函数:

$$arg \max_{\theta} \prod_{t=1}^{T} \prod_{j=-k}^{j=k} p(\omega_{t+j} \mid \omega_t ; \theta) \tag{4.1}$$

式中，ω_t 代表文本中需要学习的词；k 为上下文窗口的大小，窗口的大小决定了网络预测的结果的个数，词向量的训练速度受到窗口大小的影响，k 越大训练速度越慢，一般设置为 $5 \sim 10$；θ 为词向量的维度，一般设置为大于 50 的整数。

在 ω_t 周围的词出现的概率可以被表示为

$$p(\omega_{t+j} \mid \omega_t) = \frac{exp(u_{\omega_{t+j}} v_{\omega_t})}{\sum_{l=1}^{V} exp(u_l v_{\omega_t})} \tag{4.2}$$

式中，ω_{t+j} 为 ω_t 的上下文中的词语；v 为词 ω_t 的向量表示；u 为 ω_{t+j} 的向量表示；V 为文本中出现的词语的数量。最大化概率 $p(\omega_{t+j} \mid \omega_t)$ 即可得到最佳的词向量表示。

Word2Vector 使用了层级 softmax，使得 Skip-gram 模型的训练复杂度 Q 降低为

$$Q = k \times (\theta + \theta \times \log_2 V) \tag{4.3}$$

式中，k 为上下文窗口大小，一般被设置在区间 $[5,10]$；θ 为词向量的维度数；V 为词库的大小。Skip-gram 结构如图 4.1 所示。

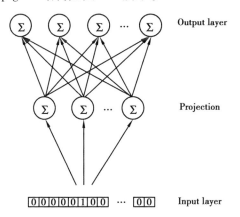

图 4.1 Skip-gram 结构

4.2.2　Online LDA

隐含狄利克雷分布(LDA)是一个常用的话题模型,被广泛使用在信息检索和自然语言处理中。LDA 可处理带有主题特征的文本数据,LDA 可以将文本数据按照主题分成组。LDA 模型描述了文档中词出现的概率 $P(W_i|D)$、话题中词出现的概率 $P(W_k|T_k)$ 和文档中话题出现的概率 $P(T_k|D)$:

$$P(W_i \mid D) = \sum_k P(W_k \mid T_k)P(T_k \mid D) \qquad (4.4)$$

式中,W_i 为第 i 个要计算的词;D 表示文档;T_k 表示第 k 个话题。基于 LDA 模型,文档中的话题分布 $P(T_k|D)$ 和话题中词的概率分布 $P(W_k|T_k)$ 可以根据文档中的词频来计算。

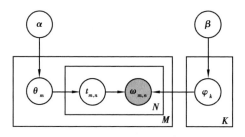

图 4.2　LDA 参数关系盘式图

LDA 模型的各参数之间的关系如图 4.2 所示,假设有评论文档 M 篇,共包含词语 N 个,以此为输入训练 LDA 模型。训练过程中,由初始的狄利克雷分布 α 与 β 分别随机采样出一个文档 m 中的话题分布 θ_m 和话题 $t_{m,n}$ 的词频 φ_k,根据已计算的文档 m 中词 n 的词频 $\omega_{m,n}$,通过极大似然估计法更新参数 α 和 β,即最大化对数似然:

$$L(\alpha,\beta) = \sum_m \ln p(\omega_m \mid \alpha,\beta) \qquad (4.5)$$

训练完成后,每段评论都将转换为设定话题数的向量形式:

$$\boldsymbol{\theta}_{ui} = (\theta_{ui1},\cdots,\theta_{uik}),k \in \{1,\cdots,K\} \qquad (4.6)$$

式中,$\boldsymbol{\theta}_{ui}$ 为表示用户 u 对商家 i 评论,为 K 维向量,K 代表人工设置的话题数量，θ_{uik} 表示用户 u 对商家 i 的评论中出现话题 k 的概率。

随着数据量和话题数增大，使用采样或变分贝叶斯法对 LDA 的参数求解速度太慢，为加快 LDA 参数求解速度，在线变分贝叶斯算法被提出，此算法可在几小时内计算百万数量级文本的话题分布，执行效率高、实现难度低，并可在分布式环境下执行。本模型采用此算法并使用分布式环境运行，1 h 内可分析一百多万条评论数据。

4.2.3　CNM

Newman 于 2004 年提出模块度概念以衡量社区发现算法的效果。基于模块度概念，Clauset、Newman 和 Moore 提出在巨大网络上快速寻找社区的算法 CNM。通过最大化模块度 Q 确定用户的最优社区：

$$Q = \frac{1}{2m} \sum_{vw} \left[A_{vw} - \frac{k_v k_w}{2m} \right] \delta(c_v, c_w) \qquad (4.7)$$

式中，A_{vw} 代表 vw 是否相连，若相连值为 1，否则，值为 0；$m = \frac{1}{2} \sum_{vw} A_{vw}$ 代表所有节点的边数；v 节点的度数 $k_v = \sum_w A_{vw}$ 表示和 v 节点相连的边数；c_v 代表 v 节点所属的社区；δ 方法用来判断输入是否属于同一社区，如果是输出 1，否则，输出 0。

为简化计算，可通过代换推导出更简洁的模块度表示，令：

$$e_{ij} = \frac{1}{2m} \sum_{vw} A_{vw} \delta(c_v, i) \delta(c_w, j) \qquad (4.8)$$

$$a_i = \frac{1}{2m} \sum_v k_v \delta(c_v, i) \qquad (4.9)$$

式中，e_{ij} 表示社区 i 中节点与社区 j 中节点之间的边数占总边数的比例；a_i 表示社区 i 中与外部节点相连的边数占总边数的比例。

通过推导可得出更简洁的模块度 Q 计算公式：

$$Q = \sum_i (e_{ii} - a_i^2) \qquad (4.10)$$

式中，e_{ii} 表示社区 i 中内部边数占总边数的比例。社区内部边数占比越高，和外部相连的边数占比越低，模块度越大。当模块度达到最大值时，社区划分结果最优。

为得到模块度的最大值，需要计算模块度增量：

$$\Delta Q_{ij} = 2(e_{ij} - a_i a_j) \qquad (4.11)$$

式中，ΔQ_{ij} 代表合并社区 i 和 j 模块度的变化。求解 Q 的具体步骤如下：

①计算有连接的社区之间模块度增量 ΔQ_{ij}。

②合并模块度增量最大的两个社区，并更新 ΔQ_{ij} 和 Q。

重复以上步骤直到模块度 Q 不再增加为止。CNM 算法只维护有连接社区 i 和 j 之间的 ΔQ_{ij}，采用最大堆保存 ΔQ 矩阵每一行的最大值，计算速度大大提升。使用 CNM 算法将 16 个节点划分为 5 个社区，如图 4.3 所示。

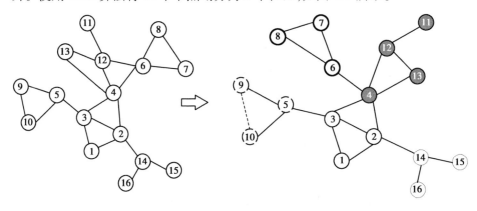

图 4.3　节点划分社区示意图

4.2.4　CoDA

和 CNM 算法不同，CoDA 算法是用来检测有重叠社区的，包括密集社区（Cohesive Community）和二模社区（2-mode Community）两种类型。其中，密集社区是指节点之间互相都有连接的社区，二模社区是指节点之间有相同终点的社区。也就是二模社区节点之间并不一定有相互连接，社区的节点之间可以靠共同的终点相连。二模社区也广泛存在于现实生活中，有很多共同朋友的人也可能相互是朋友,也就是属于相同的社区。除此之外,CoDA 算法可以将同一用户划分到不同的社区,这也符合现实生活中的实际情况。

本书还提出了直接联系网络模型(Directed Affiliation Network Model)作为 CoDA 算法的基础。使用 $B(V,C,M)$ 来代表双边关系图(Bipartite Affiliation Graph),$G(V,E)$ 代表社交网络,其中 V、C 和 M 分别代表节点集合、社区集合和边集合。然后可以计算社交网络中生成边的概率:

$$p(u,v) = 1 - \prod_{k \in C_{uv}} (1 - p_k) \tag{4.12}$$

为了得到最优社区划分,需要优化如下函数:

$$\underset{B,\{p_c\}}{Argmax} L(B, \{p_c\}) = \sum_{(u,v) \in E} \log p(u,v) + \sum_{(u,v) \notin E} \log \left[1 - p(u,v) \right] \tag{4.13}$$

求 B 和 $\{p_c\}$ 的常用方法是固定其中一个更新另外一个,图 4.4 给出了 CoDA 的例子。通过密集社区的定义,可以从图中找到密集社区集合:$\{1,2,3\}$,$\{2,3,4\}$,$\{4,12,13\}$,$\{4,6,12\}$,$\{5,9,10\}$,$\{6,7,8\}$。其中,节点 4 和 6 属于两个不同的社区。基于二模社区的定义,可以找到 $\{1,4\}$ 和 $\{6,13\}$ 为二模社区,所以,可以推断出两个更大的社区 $\{1,2,3,4\}$ 和 $\{4,6,12,13\}$。节点 11、14 和 15 消失了,因为它们不满足上述两种社区任何一个的定义。

大部分有重叠的社区发现算法只能处理 10 000 个左右的节点,但是 CoDA 可以支持拥有数以百万的节点网络,并且容易以并行计算的方式实现。CoDA 算法将 16 个节点的社交网络分为 4 个社区,其中节点 4 和节点 6 属于两个不同的社区,如图 4.4 所示。

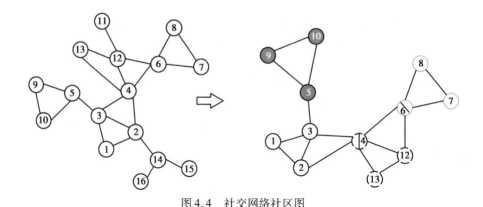

图 4.4 社交网络社区图

4.3 推荐流程

为提高推荐准确度,本书提出融合用户评分、评论、社交关系多源异构数据的混合推荐模型,如图 4.5 所示。为处理这些数据,采用话题提取算法挖掘评论信息,采用社区发现算法为用户划分社区,采用回归算法进行预测推荐。

步骤 1:评论预处理。首先,将评论文本的字符串类型的 ID 进行转换变为数字 ID。然后,英文评论文本通过空格隔开并去除停止词和标点符号,将单词存入字符串数组中。根据单词出现的次数统计词频,并去除重复的词语,将每条评论转换为特定格式的向量。

步骤 2:训练特征生成。根据 LDA 和 Word2Vector 算法的数据格式,将上一步骤获得的向量和数组分别输入这两个算法。通过设定 LDA 的话题数和 Word2Vector 的特征向量维度数,得到最终的文本表示向量。其中,LDA 可以直接学习得到段落的话题分布,用来表示段落的特征,而 Word2Vector 学习得到段落中每个单词的特征向量,那么,段落的特征向量表示即为所有单词特征向量的平均。

步骤 3:社区发现。模型使用 CNM 和 CoDA 算法对社交网络进行社区划分,分别得到无重叠的社区和有重叠的社区。

步骤 4:模型训练。根据用户的社区,将同一个社区用户的评论当作训练样本,评分作为标签进行回归训练,得到社区回归模型,用来表示该用户社区的总体特征。

步骤5:特征混合。使用用户做出的所有评论表示用户特征,商家收到的所有评论来代表商家特征。因此,将用户做出的评论特征向量进行平均则可得到用户的特征向量。类似地,将商家收到的所有评论特征向量进行平均则能得到商家的特征向量。最后,每个用户和每个商家之间的混合特征则使用他们特征向量的元素相乘得到。

步骤6:预测和评价。将用户和商家的混合特征输入用户所属的社区回归模型即可预测用户对商家的评分。然后通过均方根误差和方根误差对预测结果进行评价。

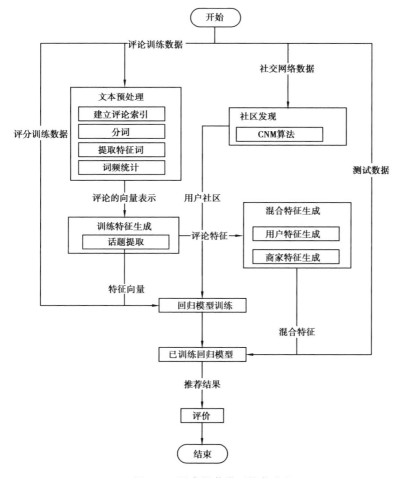

图 4.5　混合推荐模型推荐流程

4.4 推荐模型

为了反映用户好友关系对协同过滤推荐算法准确度的影响,提出融合社交网络数据以及评分评论等的多元数据推荐模型(图4.6),以更好地挖掘用户偏好和商家属性。为了处理这些数据,拟建立融合自然语言文本处理、社交算法和机器学习算法的推荐模型。基于评分数据使用协同过滤算法分解出用户和商家的隐因子,通过文本特征提取算法抽取评论中包含的用户和商家的语义特征,利用社交网络算法找到用户之间的好友关系。这样,用户和商家的特征就可以表示为评分特征和评论特征的叠加。用户的决策会受到好友的影响,好友的爱好具有一定的相似度,那么利用社交关系,就可以更加准确预知用户对商家的喜爱程度。当前推荐系统存在数据稀疏和冷启动等问题,只使用一种数据无法解决当前遇到的问题,需要通过多种数据的融合来克服或减轻这些问题。比如利用评论和社交网络数据对解决数据稀疏和冷启动问题具有重要的价值。一般来说,好友之间往往具有共同的爱好,能够在缺少其他信息的情况下,通过好友的偏好预测用户的决策。文本比评分具有更加丰富的信息,可以降低数据稀疏性带来的损失。所以融合多种数据能够减轻推荐系统的数据稀疏和冷启动问题。另外,传统的协同过滤算法只根据相似性来进行推荐,存在推荐结果多样性差的问题,结合融合多元数据可以为用户推荐更加多样的物品。利用多元数据,最终达到降低数据稀疏和冷启动风险并提高推荐结果多样性的目标。

4.4.1 评论特征提取

为提取评论中的文本话题特征,需要对文本进行预处理,包括建立评论索引、分词、提取特征词、词频统计四个步骤:第一步将用户和商家的 ID 转换为数字,以索引用户对商家的评论,为生成用户、商家特征做准备;第二步对评论文本进行分词,将评论文本转换为一个字符串数组;第三步去除字符串数组中的标点符号以及 the、a 等无意义且频繁出现的停止词;第四步,若要将评论输入 LDA 模型则需要计算词频并删除重复出现的词语,将词语数组转换为向量,作为话题模型的输入。若输入 Word2Vecter 模型则只需要将字符串数组输入模型即可。

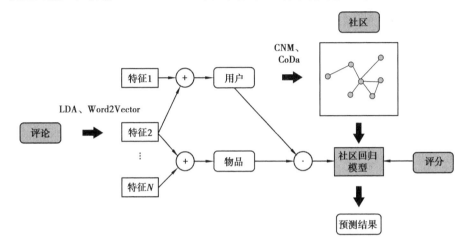

图 4.6　推荐模型

以评论"Given the high quality of the produce, the prices are also quite high"为例,去除其中标点和停用词后可转换为词的数组[given, high, quality, produce, prices, also, quite, high],计算词频,单词 high 出现 2 次,其余单词各出现 1 次,将重复词语删除,转换为向量

$$[7,[0,1,2,3,4,5,6],[1.0,2.0,1.0,1.0,1.0,1.0,1.0]]$$

其中,第 1 维表示数组中词的数量,此处为 7;第 2 维表示词的索引;第 3 维表示词频。从该向量可索引到词并获得其在评论中出现的频率。

将计算得到的词频向量输入 LDA 模型就能得到评论的话题分布向量,此向量即作为每段评论的特征向量输入后续的社区模型进行训练。若使用 Word2Vecter 模型,那么学习得到的将是词向量,将每段评论中的词向量进行平均则可得到总体的特征向量。

4.4.2　社区发现

使用 CNM 或 CoDA 算法将社交网络中的用户划分为多个社区,为各社区的用户分别建立预测模型。定义 C 为所有社区的集合,划分的社区数为 N,那么社区集合可以表示为

$$C = \{C_1, \cdots, C_N\} \tag{4.14}$$

4.4.3　模型训练

用户社区确定后,以社区中用户评论的特征向量为输入,评分为标签训练社区回归模型。线性回归模型的惩罚函数有多种,通过实验(见 4.7 小节)对比不同回归模型的预测结果,实验结果表明采用 L2 惩罚函数的线性回归模型 L2LR 预测准确度最高,因此选用 L2LR 作为基本模型。评分和评论特征向量的线性关系可表示为

$$r_{ui} = \boldsymbol{W}^{\mathrm{T}}\boldsymbol{\theta}_{ui} + \varepsilon_c \tag{4.15}$$

式中,$\boldsymbol{W} = (\boldsymbol{W}_1, \cdots, \boldsymbol{W}_K)$ 为话题的权重向量,代表每个话题的重要程度;r_{ui} 为用户 u 对商家 i 的评分;$\boldsymbol{\theta}_{ui}$ 为用户 u 对商家 i 的评论特征向量;ε_c 为社区模型的常数偏差。通过最小化代价函数可求得 W 和 ε_c:

$$\underset{W,\varepsilon}{\operatorname{argmin}} \sum_{C} \sum_{u \in C, i} (\boldsymbol{W}_c^{\mathrm{T}}\boldsymbol{\theta}_{ui} + \varepsilon_c - r_{ui})^2 + \lambda \|W_c\|^2 \tag{4.16}$$

式中,$\|W_c\|^2$ 为 L2 惩罚函数,能增强模型的泛化能力,防止过拟合。

为各社区分别建立线性回归模型,可得 N 个具有不同权重和偏差的社区线性回归模型:

$$r_{ui} = \begin{cases} \boldsymbol{W}_{C_1}^{\mathrm{T}}\boldsymbol{\theta}_{ui} + \varepsilon_{C_1} (u \in C_1) \\ \boldsymbol{W}_{C_2}^{\mathrm{T}}\boldsymbol{\theta}_{ui} + \varepsilon_{C_2} (u \in C_2) \\ \quad \vdots \\ \boldsymbol{W}_{C_N}^{\mathrm{T}}\boldsymbol{\theta}_{ui} + \varepsilon_{C_N} (u \in C_N) \end{cases} \tag{4.17}$$

4.4.4 特征混合

LDA 模型训练完成后,每条评论特征向量每个维度所代表的话题一一对应,评论特征向量的叠加和归一化操作可以得到多条评论的总体特征,所以,用户评论的总体特征可以用来代表用户的特征,商家收到的所有评论的总体特征可以用来代表商家的特征。Word2Vector 也能够最终得到评论的特征表示,但不同的是,Word2Vector 直接学习得到的是词的特征表示,最后使用词特征向量的平均来代表评论向量的特征。

模型将用户所有评论的特征向量相加并归一化以计算用户特征因子:

$$p'_{uk} = \frac{\sum_i \boldsymbol{\theta}_{uik}}{D_u} \tag{4.18}$$

$$p_{uk} = \frac{p'_{uk}}{\sum_k p'_{uk}}, k \in \{1, \cdots, K\} \tag{4.19}$$

式中,D_u 表示用户 u 所有的评论数,p'_{uk} 表示用户在话题 k 上的总概率,p_{uk} 是其归一化的表示。用户 u 的特征因子为

$$p_u = (p_{u1}, \cdots, p_{uK}) \tag{4.20}$$

用户特征因子维数和话题模型中设置的话题数相同,都为 K。商家特征因子可采用类似公式计算:

$$q'_{ik} = \frac{\sum_u \boldsymbol{\theta}_{uik}}{D_i} \tag{4.21}$$

$$q_{ik} = \frac{q'_{ik}}{\sum_k q'_{ik}}, k \in \{1, \cdots, K\} \tag{4.22}$$

式中,D_i 表示商家收到的所有评论数,q'_{uk} 表示商家在话题 k 上的总概率,q_{uk} 是其归一化的表示。商家的特征因子为

$$q_i = (q_{i1}, \cdots, q_{iK}) \tag{4.23}$$

用户特征因子的各维度值大小为用户对每个话题的关注程度,用户对某个话题越关注,使用的该话题相关词汇越多,则特征因子中该话题维度值越大。以此类推,一个商家在某话题被评论越多,商家在该话题维度值越大。将用户所有的评论特征向量相加,则得到代表用户特征的向量,将商家收到的评论的特征向量相加,可生成代表商家特征的向量。

特征生成的伪代码如下:

算法 1　特征生成

输入：D[u][i]//词向量矩阵
输出：P[u][k], Q[i][k] //用户和商家特征向量
初始化：
θ[u][i][k] = FeatureGenerationFunction(D[u][i])
m, n=0
P[u][k], Q[i][k], T[u][i][k] = zero matrix
for 1 to u
　　for 1 to i
　　　　for 1 to k
　　　　　　T[u][i][k] += θ[u][i][k]
for 1 to k
　　for 1 to i
　　　　P[u][k] += T[u][i][k]
n += P[u][k]
for 1 to k
　　P[u][k] = P[u][k]/n
for 1 to k
　　for 1 to u
　　　　Q[i][k] += T[u][i][k]
m += Q[i][k]
for 1 to k
　　Q[i][k] = Q[i][k]/m

为预测用户对某商家的评分,将用户和商家特征因子相乘得到混合特征并归一化:

$$\theta'_{uik} = p_{uk}q_{ik} \qquad (4.24)$$

$$\widehat{\theta}_{uik} = \frac{\theta'_{uik}}{\sum\limits_{k}\theta'_{uik}}, k \in \{1,\cdots,K\} \qquad (4.25)$$

首先计算用户和商家的混合特征 $\boldsymbol{\theta}'_{uik}$,归一化得到 $\widehat{\theta}_{uik}$,从而得到 $\widehat{\theta}_{ui}$ 的每个维度 k 的值。

4.4.5　预测和评价

输入用户所属社区的线性模型即可预测评分:

$$\widehat{r}_{ui} = \boldsymbol{W}_C^{\mathrm{T}}\widehat{\boldsymbol{\theta}}_{ui} + \varepsilon_C, u \in C \qquad (4.26)$$

若用户和商家某话题的概率都比较高,相乘得到更高概率,反之则概率较低,如此可计算用户和不同商家之间的混合特征。最后通过用户所属社区的线性回归模型,预测用户对商家的评分,根据评分对商家进行排序,取前 N 个商家作为推荐结果推荐给用户。

换言之,用户特征因子和商家特征因子相乘,可得到用户和商家的混合特征向量。混合特征向量受到用户和商家的双重影响,用户和商家的相似特征会放大。用户所在社区的线性回归模型,融合整个社区的总体偏好,融合模型中的预测结果不仅仅由用户和商家特征决定,也受到同社区其他用户的影响。

本章使用 RMSE(root mean squared error)和 MAE(mean absolute error)来评价不同模型的预测结果的精确程度。

4.5　Spark 实现

Spark 是一个高性能的集群计算引擎,可以用来处理大规模的数据。我们使用 Spark 作为主要框架实现了基于传统机器学习算法的推荐模型。在具体实现中，Spark Session 被用来读取存储在 HDFS（Hadoop Distributed File System）中的 JSON 格式的原始数据，然后将其转换为 Dataframe。Spark SQL 中实现了大量基于 Dataframe 的数据处理操作。例如，使用 filter( ) 方法来过滤得到符合指定评论数的用户，从而得到不同稀疏度的数据集。

在数据预处理中，使用 StringIndexer 来将字符串 ID 转换为数字 ID；使用 StopWordsRemover 来去除停用词和标点符号。在文本特征学习中，调用 Spark ML 中的 LDA 模型和 Word2Vector 模型来计算每条评论的特征向量。在模型训练中，使用 Spark ML 中的线性回归模型来学习社区评论的特征。在特征混合阶段，通过实现 UserDefinedAggregateFunction 抽象类来计算用户和商家的特征，然后将它们混合。

下面展示了特征混合阶段中用户和商家特征的计算过程。为了生成用户和商家特征向量，首先用户或商家特征矩阵被初始化为零矩阵，然后特征向量在更新时直接加上新的向量，在合并时直接将多个向量全部进行元素相加操作，最后在评价函数中除以总特征向量个数，就得到了最后所求的特征向量。

算法 2　特征生成的 Spark 实现

```
Initialization( ) {
vectorBuffer[ k ] = zero vector
countBuffer = 0
}
Update( vectorBuffer[ k ], countBuffer, inputVector[ k ] ) {
for 1 to k
    vectorBuffer[ k ] += inputVector[ k ]
countBuffer += 1
```

```
}

Merge(vectorBuffer1[k], countBuffer1, vectorBuffer2[k], countBuffer2){
for 1 to k
    vectorBuffer1[k] += vectorBuffer2[k]
countBuffer1 += countBuffer2
}
Evaluate(vectorBuffer[k], countBuffer){
for 1 to k
    vectorBuffer1[k] = vectorBuffer1[k]/ countBuffer
}
```

在模型效果评价阶段,调用 Spark 中的 Evaluator 对象,使用 RMSE 和 MAE 计算最终结果的准确性。

4.6　数据集

实验使用 Yelp 公开数据集,Yelp 公布的 2016 年数据集包含 686 556 位用户、85 539 位商家和 2 685 066 条评论。Yelp 数据集使用 JSON 格式存储,包含用户和商家及它们的详细信息。数据包含用户和商家的 ID,用户对商家的评论和评分,用户间的好友关系。用户之间的好友关系也就是社交网络,被处理成用户好友关系对。评论和评分信息被用来分析用户和商家的偏好和特征。

为了验证所提出的模型在不同稀疏度的数据集上的有效性,从 Yelp 数据集中抽取不同稀疏度的两个数据集。这两个数据集分别被命名为 SubYelp1 和 SubYelp2,其过滤条件分别为用户评论数大于 10 和用户评论数大于 20。表 4.1 中包含了这两个数据集的详细信息。

表 4.1　Subyelp1 和 subyelp2 数据集的详细统计数据

数据集	SubYelp1	SubYelp2
过滤条件	用户评论数>10	用户评论数 >20
用户	42 706	17 236
商家	78 244	72 335
社交关系	323 902	169 222
评论数	1 281 751	917 462
稀疏度	99.96%	99.93%

4.7　实验

本节阐述模型的实验环境和所进行的对比试验。本节包含两个实验:实验一对比不同文本处理方法对评分预测的准确度影响。实验二将所提出模型和其他相关模型进行对比。

4.7.1　实验环境

本实验的硬件环境为 6 个服务器节点,每个节点拥有 16 GB 内存,4 核 8 线程 CPU 和 500 GB 硬盘。软件环境包括 Ubuntu16.04、Java1.8、Scala2.11.8、Spark2.2.0 和 Hadoop2.7。

在实验过程中,首先,为每个节点安装 Ubuntu16.04 操作系统,并安装 Java 1.8 和 Scala2.11.8 编译环境,然后,为 6 个节点安装 Spark2.2.0 和 Hadoop2.7,将其中一个节点配置为 master 节点,用来启动 Spark 和 Hadoop 集群。其中 Hadoop 集群中,Master 上运行一个 NameNode 和一个 ResourceManager,5 个 Slave 上分别运行一个 DataNode 和一个 DataManager。集群启动后即可从 Hadoop 的文件系统中存取文件。本章的 Spark 集群使用 Standalone 模式,集群启动后即可通过 spark-submit 命令将代码提交到集群运行。

4.7.2　实验一

首先,使用 LDA 模型加不同的回归算法进行实验,用来对比回归算法的准确度,然后,使用 Word2Vector 模型和 LDA 模型进行进一步对比,选取最佳模型。实验中设置不同的特征向量维度数,比较模型随着维度上升准确度的变化,此时不考虑社交网络的影响。表 4.2 和表 4.3 展示了不同模型的 RMSE 和 MAE 的结果。

①LDA+LR:使用 LDA 提取评论文本的话题特征并使用线性回归预测评分。因为,此时不考虑社交信息的影响,所以,使用一个线性模型预测所有的用户对物品评分。该模型使用 L2 惩罚函数,惩罚参数被设置为 0.3。

表 4.2　SubYelp1 数据集的对比实验

数据集	因子数	评价方法	算法名称			
			LDA+LR	LDA+RFT	LDA+GBT	Word2Vec+LR
SubYelp1	10	RMSE	1.207	1.205	1.229	1.199
		MAE	0.984	0.974	0.981	0.968
	20	RMSE	1.187	1.193	1.22	1.175
		MAE	0.961	0.951	0.96	0.945
	30	RMSE	1.18	1.197	1.218	1.168
		MAE	0.951	0.955	0.955	0.939
	40	RMSE	1.169	1.195	1.217	1.162
		MAE	0.935	0.942	0.941	0.934
	50	RMSE	1.173	1.198	1.221	1.161
		MAE	0.943	0.947	0.954	0.932

表 4.3　SubYelp2 数据集的对比实验

数据集	因子数	评价方法	算法名称			
			LDA+LR	LDA+RFT	LDA+GBT	Word2Vec+LR
SubYelp2	10	RMSE	1.15	1.152	1.17	1.146
		MAE	0.929	0.928	0.948	0.92
	20	RMSE	1.131	1.143	1.17	1.126
		MAE	0.908	0.9	0.923	0.902
	30	RMSE	1.125	1.142	1.169	1.119
		MAE	0.901	0.909	0.924	0.895
	40	RMSE	1.127	1.144	1.172	1.116
		MAE	0.904	0.895	0.929	0.892
	50	RMSE	1.123	1.146	1.154	1.114
		MAE	0.898	0.901	0.901	0.889

②LDA+RFT:使用 LDA 提取评论文本的话题特征并使用随机森林预测评分。其中,树的个数被设置为 100,最大迭代次数被设置为 100 次。

③LDA+GBT:使用 LDA 提取评论文本的话题特征并使用梯度提升树来预测评分。

④Word2Vector+LR:使用 Word2Vector 模型处理评论文本并转换为段落特征向量,然后,使用线性回归预测评分。其中,线性回归的 L2 惩罚参数被设置为 0.01。

实验中,LDA 的浓度参数 α 和 β 被设置为 $1.0/k$,其中,k 为浓度向量的长度,最大迭代次数被设置为 100 次。Word2Vector 的上下文窗口大小被设置为 8,单词的最小出现次数被设置为 5。

在所有的基于 LDA 的模型中,和线性回归结合的 LDA 模型(LDA+LR)在 RMSE 和 MAE 的对比中均取得了最佳的准确度。说明使用线性回归的评分预测准确度在此场景下要优于随机森林和梯度提升算法。实验进一步使用

Word2Vector 和线性回归结合来预测评分。实验结果表明 Word2Vector+LR 模型在对比中准确度最佳。从表 4.2 和表 4.3 中可以看出,不管在何种特征维度数下,Word2Vector+LR 模型的准确度均高于其他模型。

4.7.3　实验二

实验二将所提出的回归模型和其他模型对比。基于前面的实验结果,选择精度最高的 Word2Vector+CoDA+LR(W2VCoLR)模型和其他推荐模型进行对比实验。此模型使用 Word2Vector 来进行文本特征的学习,使用 CoDA 进行社区划分,使用 LR 进行评分预测。在实验中,对比了传统的模型包括 PMF、UserKNN、ItemKNN 和基于社交网络的如 SocialMF 和 TrustSVD。下面是每种对比算法的简介:

①PMF:概率矩阵分解模型,在 Netflix 数据集中能达到较高的准确度。在本对比实验中,该模型的学习率被设置为 0.01,最大迭代次数设置为 100,用户惩罚参数和物品惩罚参数都被设置为 0.2,衰退参数设置为 1。

②UserKNN:基于用户相似度的推荐算法。该模型的邻居数被设置为 50。

③ItemKNN:基于物品相似度的推荐算法。该模型的邻居数被设置为 50。

④SocialMF:基于矩阵分解和信任传播的推荐模型。该模型的学习率被设置为 0.01,最大迭代次数设置为 50,用户和物品的惩罚参数被设置为 0.01,衰退参数设置为 1,因子数量设置为 10。

⑤TrustSVD:一个结合好友关系的推荐算法,基于 SVD++,考虑了用户的隐式和显示反馈。本模型的学习率被设置为 0.000 1,最大迭代次数设置为 50,用户和物品的惩罚参数被设置为 1.2,社交网络的惩罚参数被设置为 0.9,衰退参数设置为 1。

实验结果如表 4.4 所示,k 表示 Word2Vecter 模型处理文本评论生成的特征向量维度。当 $k<30$ 时,TrustSVD 获得了所有对比算法中最佳的准确度。当 $k \geqslant$ 30 时,Word2Vector+CoDA+LR(W2VCoLR)取得了最佳准确度,并且随着特征

向量维度数 k 的增大，W2VCoLR 的精度不断增大，大于 SocialMF，UserKNN 和 ItemKNN。表 4.5 比较了每个模型的最佳情况。

表 4.4 W2VcoLR 和其他模型的比较

因子数	评价方法	数据集 SubYelp2					
		算法名称					
		W2VCoLR	PMF	TrustSVD	SocialMF	UserKNN	ItemKNN
10	RMSE	1.138	1.207	1.116	1.175	1.162	1.166
	MAE	0.912	0.932	0.888	0.927	0.9	0.904
20	RMSE	1.119	1.213	1.116	1.175	1.162	1.166
	MAE	0.895	0.941	0.888	0.927	0.9	0.904
30	RMSE	1.112	1.214	1.117	1.175	1.162	1.166
	MAE	0.888	0.945	0.888	0.927	0.9	0.904
40	RMSE	1.108	1.215	1.117	1.175	1.162	1.166
	MAE	0.885	0.947	0.889	0.927	0.9	0.904
50	RMSE	1.104	1.219	1.117	1.175	1.162	1.166
	MAE	0.883	0.951	0.888	0.927	0.9	0.904

表 4.5 模型最佳情况比较

Algorithm	RMSE	MAE
Word2Vec+LR+CoDA(w)	1.104	0.883
PMF(p)	1.207	0.932
TrustSVD(t)	1.116	0.888
SocialMF	1.175	0.927
UserKNN(u)	1.162	0.900
ItemKNN	1.166	0.904

另一个重要问题就是混合推荐模型的时间复杂度。使用单台计算机，在一百万评论左右的数据集上训练 Word2Vector 模型花费的时间不到 1 h。CoDA 模

型在原文中实现了并行化的计算,使用 24 线程运行程序,在 300 000 个节点上进行社区划分只花费了 6 min。所以,在实际实验中,模型的时间复杂度并不高。

4.8　本章小结

为了处理多源异构数据,提高推荐系统在不同稀疏度数据上的准确度,本章阐述了作者团队所提出的一个基于传统机器学习算法的多源异构数据推荐模型。该模型通过不同的文本处理、社区划分和回归算法,融合了评分、评论和社交网络三种多源异构数据,充分利用了不同数据的特点,得到了较好的推荐结果。

第 5 章　基于深度学习的融合多源异构数据推荐

本章阐述了 3 个基于深度学习的融合多源异构数据推荐模型,融合评分、评论和社交网络信息进行推荐,显著提高了推荐准确度。

5.1　问题描述

近年来深度学习被广泛应用在了图像和音频识别、文本分类和表示学习等领域,基于深度学习的推荐系统也成为学者们的研究热点。深度学习模型在图像、文本等特定数据的表示学习中都取得了极好的效果,避免了复杂的特征工程,可以得到异构数据的非线性多层次的抽象特征表示,克服了多种数据的异质性。目前,融合评分、评论和社交网络的深度学习推荐模型尚未提出。所以,如果能采用深度学习方法学习不同异构数据的表示并将其统一到一个深度学习模型中,将解决之前研究在算法融合上的需要选择不同算法的缺点,且使用深度学习学习特征表示,将显著提高推荐结果的准确度。

5.2　基于社区发现的多源异构数据推荐

5.2.1　相关算法

（1）基于深度学习的文本特征表示

PV-DBOW 是一种文档向量表示学习模型,是 Doc2Vector 模型的一种形式。PV 算法参考了 Word2Vector 算法的思想,进一步将段落向量加入神经网络的学习过程中,从而学习段落的向量表示。和 Word2Vector 模型一样, PV 模型也有词袋模型（Bag-of-Words）和 Skip-gram 模型两种形式,本章采用 Doc2Vector 的词袋模型的形式。PV-DBOW 模型采用的是分布式的词袋模型（Distributed Bag-of-Words）,该模型使用一个段落向量来预测段落中的词语,其中段落中的词语通过在段落中随机采样得到。每个词在段落中被看作独立的存在,且词语的顺序不影响段落向量的学习结果。PV 模型还包括一种 PV-DM（Distracted Memory）模型,该模型将段落向量加入词向量的训练过程中,同时,训练句向量和词向量并保存句向量和词向量矩阵。PV-DM 和 PV-DBOW 模型相比,需要额外保存词向量的模型,从而减慢了训练的速度。模型只需获取段落的特征表示即可,为了加快训练模型的速度,所以选用了 PV-DBOW 模型。如果想要进一步提高段落向量的准确度,可以尝试将 PV-DM 和 PV-DBOW 模型结合起来进行学习。

模型使用 d_{uv} 来表示用户 u 对物品 v 的评论文本,评论文本包含的词语使用 w 表示,通过用户对物品的评论学习到的用户和物品的特征向量使用 u_1 和 v_1 来表示,段落的特征向量使用 d_{uv} 表示,词向量使用 w 表示,所有评论的词语都存储在词库 V 中。这些特征向量的维度数都为 K。每段评论都会被映射到一个随机的高维语义空间中,然后对段落中包含的词进行预测,通过学习优化,得到较为精确的段落特征向量表示。根据词袋模型的假设,每个词 w 在文档

d_{uv} 中出现的概率使用 softmax 进行计算：

$$P(w \mid d_{uv}) = \frac{exp(\boldsymbol{w}^{\mathrm{T}}\boldsymbol{d}_{uv})}{\sum\limits_{w' \in V} exp(\boldsymbol{w}^{\mathrm{T}}\boldsymbol{d}_{uv})} \tag{5.1}$$

式中，w' 表示属于词库 V 的全部词语；exp 表示以 e 为底的指数函数。通过式 (5.1) 可以求得文档中任意词语出现的概率。在实际最大化出现词语概率的过程中，梯度求解的求解开销较大。为了降低计算的开销，在计算过程中往往采用负采样的方法，在未出现的词语中根据一个预定义的噪声分布来采样部分词语，作为负样本进行近似计算，而不是使用词库中所有的词语。基于负采样的策略，那么 PV-DBOW 的目标函数被定义为

$$L_1(\boldsymbol{w}, \boldsymbol{d}_{uv}) = \sum_{w \in V} \sum_{(u,v) \in R} f_{w,d_{uv}} \log \sigma(\boldsymbol{w}^{\mathrm{T}}\boldsymbol{d}_{uv}) +$$
$$\sum_{w \in V} \sum_{(u,v) \in R} f_{w,d_{uv}} (t \cdot E_{w_N \sim P_V} \log \sigma(-\boldsymbol{w}_N^{\mathrm{T}}\boldsymbol{d}_{uv})) \tag{5.2}$$

式 (5.2) 将所有的词语和文档的组合都进行相加，其中 $f_{w,d_{uv}}$ 是词 w 在文档 d_{uv} 中出现的次数，如果未出现则函数值为 0；$\sigma(x) = \dfrac{1}{1+e^{-x}}$ 代表的是 sigmoid 函数；t 为负样本的个数；$t \cdot E_{w_N \sim P_V} \log \sigma(-\boldsymbol{w}_N^{\mathrm{T}}\boldsymbol{d}_{uv})$ 表示在噪声分布 P_V 中，$\log \sigma(-\boldsymbol{w}_N^{\mathrm{T}}\boldsymbol{d}_{uv})$ 的期望。

根据上述的目标函数，可以得到文档的特征表示 $\boldsymbol{d}_{uv}$，和所提出的基于传统机器学习方法的推荐模型中类似，用户和物品的特征向量可以根据评论的特征向量来表示。不过此处用户和物品的特征表示不再由评论特征向量的平均来计算，而是通过后续的模型集成优化来学习得到的。

将用户所有评论的特征向量加权相加并归一化得到用户特征因子：

$$p'_{uk} = \frac{\sum\limits_v \boldsymbol{W}_{uv} \boldsymbol{\theta}_{uvk}}{D_u} \tag{5.3}$$

$$p_{uk} = \frac{P'_{uk}}{\sum\limits_k P'_{uk}}, k \in \{1, \cdots, K\} \tag{5.4}$$

式中，D_u 表示用户 u 所有的评论数；p'_{uk} 表示用户在话题 k 上的总概率；W_{uv} 表示用户 u 对于发出的第 i 个评论的权重；p_{uk} 是其归一化的表示。用户 u 的特征因子为

$$p_u = (p_{u1}, \cdots, p_{uK})$$

用户特征因子维数为 K。物品特征因子可采用类似公式计算：

$$q'_{vk} = \frac{\sum\limits_{v} W_{uv} \boldsymbol{\theta}_{uvk}}{D_v} \tag{5.5}$$

$$q_{vk} = \frac{q'_{vk}}{\sum\limits_{k} q'_{vk}}, k \in \{1, \cdots, K\} \tag{5.6}$$

式中，D_v 表示物品收到的所有评论数；q'_{vk} 表示物品在话题 k 上的总概率；q_{vk} 是其归一化的表示；W_{uv} 表示物品 v 对于收到的第 u 个评论的权重。物品的特征因子为

$$q_v = (q_{v1}, \cdots, q_{vK}) \tag{5.7}$$

K 为物品的维度数，和用户保持一致。

通过权重 W_{uv} 才能对不同评论的重要程度作出区分，从而构建合理的用户和物品特征。在整体模型学习时，会不断更新该权重从而得到更好的整体用户和物品特征表示。

（2）基于深度学习的评分特征表示

本节使用两层全连接的神经网络来训练得到最终的用户对物品得分。与之前介绍的文本特征学习模型不同的是，本模型可以直接得到用户和物品的特征向量表示。定义 r_{ui} 来表示用户 u 对物品 i 的评分，那么对于任意的评分 r_{ui}，有用户 r_u 和对应的物品 r_i 与之对应。则可以得到两层神经网络预测公式：

$$r_{ui} = \phi(U_2 \cdot \phi(U_1(r_u \odot r_i) + c_1) + c_2) \tag{5.8}$$

其中 $\odot$ 表示元素相乘，$\phi(x)$ 为 ELU 激活函数，U_1、U_2、c_1 和 c_2 为需要学习的权重和偏差参数。目标函数即为预测评分和真实评分相减的平方，优化参数使目标函数最小即可得到最佳的用户和物品表示。本模型并未学习评分的特

征,而是根据用户和物品相乘的结果来最优化目标函数,最终使用用户和物品的特征相乘带入预测公式能够得到较好的预测效果。预测评分和真实评分误差较小也表明用户和物品的特征表示可以通过函数较好地投影到真实的评分空间上,也说明此时的用户和物品特征反映了真实评分的特征。所以使用该算法可以直接求得用户和物品的特征,而不必像学习评论数据一样通过用户和物品共同的实体来进一步计算得到用户和物品特征。

该方法在整个模型中起到了根据评分数据构建用户和物品特征的作用。在模型训练的过程中,该模型作为用户和物品特征的一部分参与整个模型的训练,从而试图找到符合整体趋势的用户和物品特征。因为该方法直接得到了用户和物品的特征,所以权重参数均设为 1 即可,不需要学习额外的权重来构建用户和物品的特征。

(3)基于 BPR 的优化

BPR 是一种 Pairwise 排序学习的算法,与 Pointwise 排序学习算法相比,BPR 模型具有两个优点。第一点,BPR 同时考虑到了用户购买的物品和用户未购买的物品,用户未购买的物品是将来会被排序的物品,而 Pointwise 排序学习算法仅考虑了用户已购买的物品。第二点,当推荐系统的数据比较稀疏且只使用少量数据进行推荐时,BPR 模型可以达到较好的推荐效果。同时,BPR 是基于矩阵分解的排序算法,与 Funk-SVD 等算法相比,它是针对每个用户自己的偏好对排序进行优化,而不是对所有数据进行全局优化,推荐的结果更加准确。

该方法通过先验概率的贝叶斯分析来最大化后验概率,从而优化模型的目标函数。在模型的优化过程中,采用基于随机梯度下降的 LearnBPR 优化目标函数,最后通过 ROC 曲线证明模型的可行性。

如图 5.1 所示,首先构造一个基于用户偏好的三元组 (u,i,j),该三元组代表用户 u 对于物品 i 的喜好程度要大于物品 j。用户三元组的构建包括三种情况,第一种是用户 u 购买了物品 i 但是没有购买物品 j,显然用户 u 对于物品 i 的喜好程度要大于物品 j;第二种情况是用户 u 既没有购买物品 i 也没有购买物

品 j ,那么无法判断用户对哪个物品比较感兴趣;第三种情况,用户既购买了物品 i 又购买了物品 j ,那么也无法判断用户喜欢哪个物品。根据用户对物品的偏好记录,可以将用户和物品之间的关系转换为基于用户的物品和物品之间的关系。这样的分类有两个优点,第一个是在学习的过程中既考虑了用户购买的物品又考虑了用户没有购买的物品,而用户没有购买的物品就是将来需要进行排序的物品。这样保证了用户学习的数据和测试的数据没有交集。第二个优点是,该方法是通过实际数据的三元组构造,对需要排序的序列进行直接优化,这样从结果的角度来说具有很强的实用性。如果采用评分预测的方法,那么最后得到的评分对和所需的排序结果之间还有一定的差距。而采用 BPR 的方法能够直接优化得到物品的排序列表,结果较为准确。

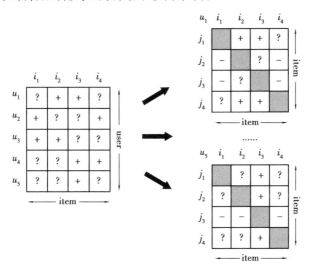

图 5.1　用户-物品交互矩阵

为了求得对于用户 u 的物品推荐列表,根据贝叶斯公式,最大化以下后验概率:

$$p(\Theta \mid (u,i,j)) \propto p((u,i,j) \mid \Theta)p(\Theta) \tag{5.9}$$

其中, (u,i,j) 表示用户和物品的关系; Θ 表示模型的参数。通过调节模型参数,使实际的 (u,i,j) 用户和物品三元组出现的概率最大,此时的参数即为所求的模

型参数。在这个公式中假设用户之间是相互独立的,物品对(i,j)之间也是相互独立的,那么对于所有的用户都有以下公式:

$$\prod_{u \in (u,i,j)} p((u,i,j) \mid \Theta) = \prod_{u \in (u,i,j)} p(i > j \mid \Theta) \cdot \prod_{u \notin (u,i,j)} (1 - p(i > j \mid \Theta))$$

(5.10)

其中,以(u,i,j)来表示构造的有明确用户偏好的三元组,对于所有属于该三元组的用户,其购买过的物品出现的概率要大于未购买物品出现的概率。所有用户偏好三元组相乘的概率就等于属于此三元组的用户和物品的概率的阶乘再乘以不属于三元组的用户和物品概率的阶乘。

根据基于对学习的整体性和反对称性,上述公式可以被简化为

$$\prod p((u,i,j) \mid \Theta) = \prod_{u \in (u,i,j)} p(i > j \mid \Theta)$$

(5.11)

通过上面的推导,目前还不能求得最终的排序,需要构建一个真正的计算模型来计算每个物品推荐的概率。使用 sigmoid 函数构建一个用户 u 购买物品 i 的概率大于购买物品 j 的概率的模型:

$$p((u,i,j) \mid \Theta) := \sigma(x_{uij}(\Theta))$$

(5.12)

其中,$x_{uij}(\Theta)$ 为一个任意的参数模型,能够描述用户和物品之间的潜在关系。也就是说可以使用任意一个用来描述用户和物品关系的模型,结合 BPR 模型来直接优化得到一个基于物品推荐排序的推荐结果。比如,可以使用矩阵分解模型(Matrix Factorization)和最近邻模型(K-nearest-neighbor),这些模型的目标都是估计 $x_{uij}(\Theta)$。

目前只讨论了似然函数,结合之前贝叶斯公式中的先验概率,才能得出完整的求个性化推荐列表的方法。之前提到的贝叶斯公式中的先验概率被表示为 $p(\Theta)$,那么为了最大化后验概率,有以下公式:

$$
\begin{aligned}
BPR - OPT &:= \ln p(\Theta \mid (u,i,j)) \\
&= \ln p((u,i,j) \mid \Theta) p(\Theta) \\
&= \ln \sigma(x_{uij}(\Theta)) p(\Theta)
\end{aligned}
$$

$$= \sum \ln \sigma(x_{uij}(\Theta)) + \ln p(\Theta)$$

$$= \sum \ln \sigma(x_{uij}(\Theta)) - \lambda_\Theta \|\Theta\|^2 \qquad (5.13)$$

以上优化公式被称为 BPR-OPT，其中最后一步的 λ_Θ 代表模型的惩罚参数。得到优化的目标函数后，需要考虑使用什么方法进行最优化求解。对于多参数的机器学习最优化最常用的是梯度下降法。由于需要适应不同的模型，标准的梯度下降法收敛较慢，往往得不到较好的结果，所以 BPR 使用的是随机梯度下降算法。

BPR 模型之所以可以和其他求解用户和物品特征的模型相结合达到较好的推荐结果，是因为 BPR 提出了一个使用用户浏览或购买记录进行三元组建模的方法。所以，只需要将其他模型的用户和物品特征输入 BPR 模型即可求得损失，然后通过改变其他模型的参数进一步优化结果。

5.2.2　基于社区发现的推荐模型

（1）模型描述

传统的推荐算法往往使用评分数据，或者采用评分和评论或评分和图像相结合的方法进行推荐。这些方法只能从有限的数据中提取用户和物品特征，准确度有限，但是对于多源异构数据处理较为困难，因为需要重新进行算法设计。随着深度学习的发展，文本等多源异构数据通过特定的深度网络都能得到较为精确的表示。并且通过神经网络能够自动选择有效的特征，使得特征的融合方式更加灵活。基于深度学习提出能够处理多源异构数据的推荐模型，模型具有准确度高、可扩展性强等优点。模型选择了基于深度学习的文本段落表示学习方法，设计了基于评分学习用户和物品特征的神经网络，并通过社交网络约束基于对的学习，如图 5.2 所示。由于现有的基于深度学习的文本表示学习的方法已经较为成熟，所以可以直接使用现有的网络，将其训练结果和其他特征融合在一起进行训练，从而得到更加精确的融合特征表示。评分数据和文本数据不同的是,可以直接学习用户和物品的特征,所以不需要学习评分的向量表示,也不用学习实体特征。

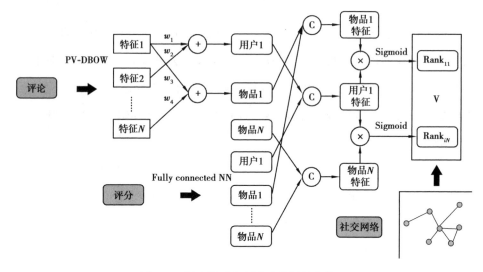

图 5.2　深度学习多源异构数据推荐模型

基于深度学习的多源异构数据推荐模型包含三种数据——评论、评分和社交网络,每种数据都有自身的特点,从不同角度体现用户或物品的特征。通过深度模型学习多种数据的向量表示,然后通过串联的方法得到用户或物品的融合特征。评论特征体现了用户对物品的态度,也可以用来表示物品的属性,模型通过 PV-DBOW 算法学习评论段落的特征表示,再加权叠加得到用户或物品的向量表示。评分特征是用户对物品的整体评价,体现了用户对物品的满意级别,使用 BPR 可以对用户和物品的非线性特征进行学习。社交网络体现了用户间的好友关系,间接影响了用户和物品之间的交互,利用社交网络关系可以加强对用户购买行为的约束,从而进一步提高推荐结果准确度。

本节主要讨论如何融合以上介绍的算法来构建一个统一的基于多源异构数据的深度学习模型。第一,使用基于对的 BPR 排序优化构建整个学习框架;第二,构建用户和物品的特征,这些特征受到用户对物品的评论和评分的影响;第三,采用社交网络对用户和物品的三元组构建进一步约束,从而得到较好的推荐结果。下面对模型的详细结构进行介绍。

首先,提出基于社交网络的用户和物品三元组构建方法。在传统的机器学习算法中,比如协同过滤和矩阵分解算法。协同过滤和矩阵分解算法只考虑用户对物品的已有购买或浏览记录或者评分,而忽略了其他用户没有产生记录的物品。这样只能拟合已经存在的记录,而大量的其他物品对模型都产生了均等的负面影响。对于每个用户 u 购买过的物品 i,构建和购买记录对应的用户物品对 (u,i),定义一个集合 S,包含了所有用户的购买记录。那么对于任一用户物品都有 $(u,i) \in S$。然后构建一个用户物品特征矩阵 $(U \times I)$,对于任一用户 u,若他没有对物品 i 有过记录,那么就将该值置为 0。也就是所有 $(U \times I) \backslash S$ 都被视作相同的负反馈。比如对于一个有 5 个物品的系统,某用户购买或浏览了其中 3 个物品,那么用户的特征向量可以被表示为 $[0,1,1,0,1]$,对于此用户,购买过的物品都对算法模型产生了正向的影响,而所有未购买的物品都被置为 0。采用这种方法虽然能较好拟合目前用户的情况,但是对没有记录的物品采用同样的 0,显然忽略了这些物品的差异。更为重要的是,其他物品恰好是未来用户可能购买的物品,如果将它们视为用户不会购买的物品且将它们和其他物品均设置为 0,那么在之后的预测中则会对准确性产生较大的影响。

如果使用 BPR 的思想,也就是从排序优化的角度来看这个问题,情况就有所不同。BPR 不使用数值来标记用户是否购买过相关物品,而是从排序的角度认为有用户购买记录的物品在排序上应该要高于没有购买记录的物品。设想用户浏览网页或商品的场景,用户往往会浏览很多物品,选择其中的一个或几个作为最终打开或者购买对象。所以从这个角度看,BPR 更加符合用户浏览的习惯,而不是将所有的未购买的物品都看作 0。从另一方面看,排序靠后并不意味着所有物品都为负反馈,而只需要采样一部分未购买和浏览的物品作为负反馈,这样就不会和将来的测试集相冲突,能够提高排序的准确性。

根据 BPR 模型,就能构建用户和物品的三元组。详细构建方法在相关算法中已经介绍,基于所有用户的购买记录以及负采样的物品,就能得到用户物品的三元组(u,i,j)。基于标准的 BPR 方法采样构建的三元组无法考虑到用户未浏览或购买过的物品的情况,所以采用的是随机采样的方法。也就是说,在随机采样的过程中,可能会将将来用户会购买的物品采样作为负样本,这样就潜在地降低了预测的准确度。那么如果能知晓用户购买物品的潜在规律,对随机采样施加一定的约束,让采样得到的负样本更加有效地和测试样本分离,就能使训练数据更加符合用户真实的偏好,从而进一步提高排序结果的准确度。下面就从社交网络入手,构建更加准确的用户物品三元组。

社交网络反映了用户之间的好友关系,通过与其他用户的直接连接,用户之间形成了一个网络,从而产生了更加复杂的好友关系。然后可以从社交网络中提取用户的直接好友关系和间接好友关系。从用户的直接好友关系中,进一步挖掘用户的行为和偏好,更加精准地预测用户下一步的决策。因为用户的偏好往往和他们的好友具有相似性,在现实中的反映就是用户更加容易选择其好友购买或偏爱的物品。将用户之间的这种偏好的相似性应用到 BPR 模型的采样中,通过给采样过程更加合理的约束,得到更加符合用户行为的三元组,从而提高后续模型训练和推荐的准确度。

根据用户的购买或浏览记录以及社交网络,对于每个用户 u,将该用户购买或浏览过的物品定义为 i,将用户从未接触过的物品定义为 j,再将该用户好友购买过的物品定义为 p。系统中所有的物品集合定义为 D,那么用户 u 购买和浏览过的物品集合定义为 D_u,用户好友购买过的物品定义为 D_p。最能代表用户偏好的物品,首先是用户已经购买的物品 D_i,其次,根据好友偏好的相似性,用户很可能会购买其好友购买过但是该用户未购买的物品 $D_p \backslash D_u$。最后,用户最不可能购买的物品即为 $D \backslash (D_u \cup D_p)$。根据社交网络信息构建用户和物品的三元组作为训练集,该训练集 T 可以被表示为

$$T := \{ (u,i,j) \mid i \in (D_u \cup D_p), j \in D \backslash (D_u \cup D_p) \} \qquad (5.14)$$

其中,(u,i,j) 为用户物品三元组,代表用户 u 对于物品 i 的偏好程度大于物品 j。其中物品 i 属于用户购买过或者用户直接好友购买过的物品,物品 j 属

于用户未购买过且其直接好友也未购买过的物品。这样就基于用户的直接好友关系构建了用户物品三元组,用于后续 BPR 模型的训练。然后使用 BPR 模型构建了基于神经网络的整体推荐框架,采用基于对的学习训练整个神经网络即可得到用户和物品的特征向量,从而预测用户偏好的物品,并给出这些物品的排序。

然后,提出融合文本和评分数据进行用户和物品特征学习的方法。在前面已经构建了基于 BPR 的用户和物品的神经网络框架用来学习用户和物品的排序结果。进一步地,需要通过用户和物品之间的交互信息构建用户和物品的特征向量。于是提出一个融合特征的函数 $f(\cdot)$,假设从多种数据中学习到的特征表示为 x_1,x_2 和 x_3,那么通过融合函数则可以得到融合后的特征:

$$x = f(x_1,x_2,x_3) \tag{5.15}$$

其中 x 即为融合后的特征。用户和物品都由评分和评论数据的特征融合得到,所以基于该函数就可以得到用户和物品的融合特征。那么如何确定特征融合函数 $f(\cdot)$ 使得到的融合特征更加准确成为需要研究的问题。常用的融合方法包括串联、平均、相乘等,模型采用串联的方法将特征进行融合。假设学习得到的用户评论特征为 u_1,得到的评分特征为 u_2,那么通过函数 $f(\cdot)$ 得到的特征为 $[u_1^\mathrm{T} u_2^\mathrm{T}]^\mathrm{T}$。使用简单的串联方式进行融合,能够增强用户和物品特征的扩展性,这对于基于多源异构数据的模型具有重要的意义。随着网络中多源异构数据的增加,挖掘和提取有效信息越来越困难,而对于不同的数据需要采用不同的挖掘算法。为了减少人工的参与,更大程度增强模型的适应性,采取串联的特征融合,这样为其他数据特征的加入创造了更大的便利。假如需要添加一种新的异构数据,那么只需要选择一种基于深度学习的算法,并将其得到特征加入到融合特征中,即可实现对该数据的模型拓展。

最后,提出统一的目标函数进行模型优化。前文已经提出了多源异构数据的融合函数,现在需要根据融合特征构建目标函数,使得学习过程中融合特征能更加准确代表用户或物品的特征。输入目标函数的为用户物品三元组(u,

i,j)所代表的对应用户的物品的表示,u 表示用户 u 的融合特征向量,i 表示物品 i 的融合特征向量,同理 j 表示物品 j 的融合特征向量。根据前面的定义已知用户 u 对物品 i 的偏好程度大于物品 j。使用函数 $g(\cdot)$ 来表示结合用户和物品特征表示的损失函数,此处将 $g(\cdot)$ 定义为 sigmoid 函数来计算用户对不同物品的不同偏好程度,那么有 $g(u,i,j)=\sigma(u^{\mathrm{T}}i-u^{\mathrm{T}}j)$。所以整个融合多源异构数据的推荐模型的目标函数被定义为

$$
\max_{W,\Theta} L = \sum_{u,i,j} g(u,i,j) + \lambda_1 L_1 - \lambda_2 L_2
$$

$$
= \sum_{u,i,j} \{ \sigma(u^{\mathrm{T}}i - u^{\mathrm{T}}j) + \lambda_1 (\sum_{w \in V} \sum_{(u,v) \in R} f_{w,d_{uv}} \log \sigma(w^{\mathrm{T}}d_{uv}) + \sum_{w \in V} \sum_{(u,v) \in R} f_{w,d_{uv}} (t \cdot
$$

$$
E_{w_N \sim P_V} \log \sigma(-w_N^{\mathrm{T}}d_{uv}))) - \lambda_2 (\phi(U_2 \cdot \phi(U_1(r_u \odot r_i) + c_1) + c_2) - r_{ui})^2 \}
$$

$$
(5.16)
$$

其中 W 为每种模型的权重参数,在评论表示学习模型中用户的每条评论的权重参数都不相同,需要通过学习得到。而在评分计算的模型中,求得的直接是用户和物品的特征,也就是权重参数设置为 1 即可,不需要通过优化目标函数进行更新。其中 Θ 代表的是模型中需要学习的其他参数,$\Theta = \{ \Theta_1, \Theta_2 \} = \{ \{ w, d_{uv} \}, \{ U_1, U_2, c_1, c_2, r_u, r_i \} \}$。$\lambda$ 为每种模型的惩罚参数,他们的取值都在 $[0,1]$ 区间上。评分模型的目标函数之前添加了负号,因为评分模型的目标函数需要最小化,而总体模型的目标函数是最大化。需要说明的是,每种模型的参数 Θ 都是相互独立的,它们的更新和其他方法无关。比如评论的表示学习模型只和评论特征有关,对应计算出用户和物品的评论特征向量。评分特征学习模型只和评分有关,对应计算出基于评分的用户和物品特征表示。而整体的目标函数中 $g(u,i,j)$ 和评论、评分特征均产生关联,所以在整体的目标函数中,所有参数均得到优化,最后得到较为合理的用户和物品的特征表示。

公式 5.16 可以使用随机梯度下降法进行求解,现有的深度学习框架都集成了随机梯度下降算法,可以通过调用方法库得到最终的用户和物品的特征向量。最后,个性化的推荐列表就可以通过用户和物品的特征向量相乘得到:

$$s = \boldsymbol{u}^{\mathrm{T}} \boldsymbol{v} \tag{5.17}$$

每个用户和其他未购买或未浏览的物品的特征向量相乘即可得到该用户对该物品的偏好得分,分数越高代表用户越有可能购买或浏览该物品。将所有物品的得分降序排列取前 N 个就能够求得用户的 Top-N 推荐列表。

（2）实验数据集

本实验采用的数据集和第一个模型类似,也是基于 Yelp 公开数据集的子集。为了测试本模型针对多源异构数据进行推荐的效果,本实验采用 SubYelp2,其过滤条件为用户评论数大于 20。过滤完成后,该数据集包含了用户 17 236 位、商家 72 335 家、评论 917 462 条、好友关系 169 222 对,数据稀疏度 99.93%。

（3）基准方法及评价指标

实验一的评价方法使用了 Recall、Precision、NDCG 和 Hit。Recall 为召回率,用来衡量算法推荐的物品中用户购买过的物品占用户所有购买过物品的比例;Precision 为准确率,用户来计算给用户推荐的物品中用户购买过的物品的比例;NDCG 归一化折损累计增益,用户来计算推荐结果的排名质量;Hit 为命中率,指的是推荐的物品是否有用户购买过的物品,若有则命中,反之未命中。实验二的评价方法使用了 Recall、Precision、NDCG。表现最好的指标使用黑体表示。

实验一的主要目的是比较添加社交网络对算法各项指标的影响,然后比较不同文本处理算法对实验准确度的影响。实验一中所对比的算法包括:

①BPR+Text（BT）:基于 BPR 框架,使用 PV-DBOW 算法进行评论文本特征学习,为用户推荐物品。

②BPR+Text+Social（BTS）:基于 BPR 框架,利用评论文本和社交网络信息进行推荐。评论文本的特征表示使用 PV-DBOW 算法学习,社交网络添加在采样的过程中。

③HDC+Text+Social(HTS)：采用基于上下文的正则化词嵌入语言模型学习评论文本的特征表示，同时结合社交网络进行推荐。

④SEL+Text+Social(STS)：采用简化的词嵌入语言模型学习评论文本的特征表示，同时结合社交网络进行推荐。

⑤BPR+Text+Rate(BTR)：基于 BPR 框架，结合评论文本信息和评分信息进行推荐。

⑥BPR+Text+Rate+Social(BTRS)：基于 BPR 框架，结合评论文本信息、评分信息和社交网络信息进行推荐。为本书提出的模型。

（4）实验结果及分析

实验一首先比较了添加社交网络前后各指标的变化。在添加社交网络后，BTS 模型的准确度要高于 BT 模型。然后尝试使用不同的文本处理方法，经过比较，BTS 的准确度显著高于 HTS 和 STS 模型。最后，实验计算了结合文本和评分的 BTR 模型及添加社交网络之后的 BTRS 模型，实验结果表明 BTRS 模型的各项指标均优于实验一所对比的其他模型，见表 5.1。

表 5.1　实验一实验结果

数据集	评价指标/%	算法名称					
		BT	BTS	HTS	STS	BTR	BTRS
SubYelp2	Recall@10	2.826	2.996	1.092 7	1.059	3.093	**3.486**
	Recall@5	1.697	1.838	0.672	0.652	1.881	**2.275**
	Precision@10	3.179	3.362	1.165	1.22	3.408	**3.809**
	Precision@5	3.494	3.736	1.315	1.36	3.885	**4.369**
	NDCG@10	3.756	4.052	1.394	1.446	4.115	**4.63**
	NDCG@5	3.664	3.99	1.360 1	1.425	4.075	**4.77**
	Hit@10	26.687	27.342	9.806	10.201	28.433	**30.871**
	Hit@5	17.791	18.685	6.632	6.847	19.41	**23.145**

实验二使用所提出的基于多源异构数据的推荐模型和其他算法进行比较。实验二所对比的算法包括：

①Bayesian Personalized Ranking(BPR)：基于评分数据的贝叶斯个性化推荐模型。

②Latent Dirichlet Allocation(LDA)：基于评分数据的一种采用吉布斯采样的狄利克雷分布生成模型。

③Ranking Alternating Least Square(RankALS)：基于评分数据的一种基于交替最小二乘法的个性化推荐模型。

④Joint Representation Learning(JRL)：基于评论文本和评分数据，使用简化词嵌入语义模型学习文本特征，然后使用神经网络结合文本和评分特征进行推荐的模型。

⑤BPR+Text+Rate+Social(BTRS)：基于 BPR 框架，结合评论文本信息、评分信息和社交网络信息进行推荐。为本书提出的模型。

实验二的方法中，BPR、LDA 和 RankALS 都是基于评分的推荐算法，JRL 是结合了评分和评论的深度学习方法，最后的 BTRS 为所提出的模型。如表 5.2 所示，实验结果表明，通过准确率、召回率和 NDCG 指标的比较，所提出的基于多源异构数据的混合推荐模型具有最高的准确度。

表 5.2　实验二实验结果

数据集	评价指标/%	算法名称				
		BPR	LDA	RankALS	JRL	BTRS
SubYelp2	Recall@10	2.192	1.173	3.729	1.223	3.486
	Recall@5	1.217	0.711	2.176	0.76	2.275
	Precision@10	1.932	0.975	3.31	1.493	3.809
	Precision@5	2.124	1.139	3.839	1.671	4.369
	NDCG@10	2.09	1.111	3.648	1.752	4.63

在参数设置上,实验一的深度模型的 batch size 设置为 64,最大迭代次数设置为 40,学习率设置为 0.5,负采样数设置为 5,梯度修剪参数设置为 5,每个特征向量的维度设置为 300。实验二中,其他所对比的算法,BPR 的因子维度数被设置为 100,最大迭代次数设置为 40,学习率设置为 0.01,惩罚参数设置为 0.1。LDA 的因子维度数被设置为 100,最大迭代次数设置为 3 000。RankALS 的因子维度数被设置为 10,最大迭代次数设置为 5。STR 的 batch size 设置为 64,最大迭代次数设置为 30,学习率设置为 0.5,负采样数设置为 5,梯度修剪参数设置为 5,每个特征向量的维度设置为 200。BTRS 的设置和实验一中相同。

5.3　基于社交关系的多源异构数据推荐

本节介绍了所提出的基于社交关系的融合多源异构数据的推荐模型,将用户对物品的评分、评论以及用户之间的社交关系等多源异构数据进行融合并放在统一的框架中进行训练,在得到用户和物品的特征表示后为用户产生 top-N 的推荐列表。

5.3.1　相关算法

(1) 用户好友信任度模型

由于用户的偏好大多与好友偏好相似,所以在现实生活中,用户更有可能选择其好友购买或喜爱的物品。用户不仅受其直接好友偏好的影响,还受其间接好友偏好的影响。将用户的好友关系(直接好友和间接好友)引入推荐系统,能够更精确地预测出用户的行为,从而提高推荐结果的准确度。

用户好友信任度模型假定用户与好友之间具有相似的偏好,但直接好友和间接好友对用户决策的影响却是不同的,间接好友的影响比直接好友的影响小。根据凯文·贝肯(Kevin Bacon)的六度分离原理,用户之间的相似性可以通过式(5.18)得到。在式(5.18)中,a 和 b 分别代表任意两个用户,l_{ab} 表示用户 a 和用户 b 之间的距离,用户和其直接好友之间的距离为1,和其间接好友之间的距离为2,3,4,…。$s(a,b)$ 表示两个用户之间的相似性。

$$s(a,b) = \begin{cases} 0.2 \times (6 - l_{ab}) & if\ l_{ab} < 6 \\ 0.1 & otherwise \end{cases} \tag{5.18}$$

社交网络中用户与好友间的社交关系如图5.3所示,通过用户之间的距离可以计算得到用户间的相似度。模型将直接好友命名为用户的 1 度(1 degree)好友,将与用户距离为 2 的间接好友命名为用户的 2 度(2 degree)好友,将与用户距离为 3 的间接好友命名为用户的 3 度(3 degree)好友,以此类推。根据 Kevin Bacon 的六度分离原理,本模型最多考虑距离为 6 的间接好友,因此将此用户好友信任度模型命名为六度模型。

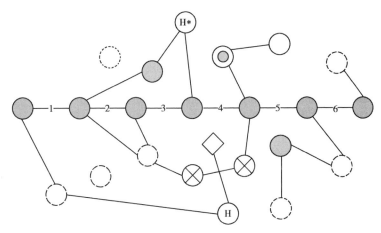

图 5.3　用户间的社交关系

算法 1 给出了六度模型的伪代码,说明了如何计算用户之间的相似度。从社交网络数据中计算出用户间的距离及用户之间的相似性后,可以得到不同好友偏好对用户选择的影响。之后将其与评论、评分等异构数据一起输入到统一的表示学习框架中进行训练,最后产生推荐结果。

算法 1　六度模型

输入：dataset *User*，social relation data Relation；

输出：similarity set S；

repeat：

　　//构建社交网络图

1：　Construct a graph by using all users and relations in *User* and *Relation*；

//计算用户间距离

2：　Calculate l_{ab} using igraph；

3：　If $l_{ab}<6$

4：　$s(a,b)=0.2\times(6-l_{ab})$；

5：　else

6：　$s(a,b)=0.1$；//计算用户间的相似性

7：　**until** calculate all users' relations；

8：　**return** S.

（2）改进的 BPR 模型

传统的 BPR 模型是通过随机采样构建的用户-物品三元组，并没有将社交关系引入到采样过程中。但在现实生活中，用户更倾向于选择其好友购买过的物品，其决策受到好友偏好的影响。因此，可以将用户和好友之间的相似性应用到 BPR 模型的采样过程。通过考虑用户的直接好友和间接好友对用户决策的影响并将社交关系添加到采样过程中，能够更准确地反映用户的偏好，从而提高推荐结果的质量。

对于每一个用户 u，可以将用户已经购买的物品定义为 i，还没有购买的物品定义为 j，将用户的直接好友和间接好友购买过的物品定义为 k，物品的数据

集定义为 D。那么用户 u 已经购买过的物品集合为 D_u，用户 u 的好友购买过的物品集合为 D_k。对于用户 u 来说，其最倾向购买的是 D_u 中的物品。同时由于用户的购买选择受其好友偏好的影响，故用户 u 其次倾向购买的是好友购买过而自己未购买过的集合 $D_k \backslash D_u$ 中的物品，最不倾向购买的是 $D \backslash (D_u \cup D_k)$ 中的物品。

因此在社交网络关系的基础上，构建了一个改进的用户-物品三元组 (u, i, j)。其中用户或用户的好友（直接好友、间接好友）购买过的物品用 i 表示，用户及其好友均未购买过的物品用 j 表示，用户 u 对物品 i 的偏好大于对物品 j 的偏好。训练数据集 T_s 的定义如式（5.19）所示。

$$T_s = \{(u, i, j) \mid i \in (D_u \cup D_k), j \in D \backslash (D_u \cup D_k)\} \tag{5.19}$$

根据贝叶斯公式可得，对任意一个用户 u 来说都有如下公式（5.20）。其中 $>_u$ 表示用户 u 的偏好，根据用户 u 的偏好构建的用户-物品三元组 (u, i, j) 可以表示为 $i >_u j$，需要求解的模型参数用 θ 表示。

$$p(\theta \mid >_u) \propto p(>_u \mid \theta)p(\theta) \tag{5.20}$$

通过式（5.20）可得，优化目标被分为 2 个部分。其中 $p(>_u | \theta)$ 的部分与实验数据集 D 有关，$p(\theta)$ 的部分与实验数据集 D 无关。

关于式（5.20）中 $p(>_u | \theta)$ 的部分，推导可得式（5.21）。

$$\prod p(>_u \mid \theta) = \prod p(i >_u j \mid \theta)^{\delta((u,i,j) \in T_s)} \cdot (1 - p(i >_u j \mid \theta))^{\delta((u,i,j) \notin T_s)}$$
$$\tag{5.21}$$

在式（5.21）中，关于 $\delta(\cdot)$ 的部分如式（5.22）所示。

$$\delta(b) = \begin{cases} 1 & \text{if } b \text{ is true} \\ 0 & \text{else} \end{cases} \tag{5.22}$$

在 BPR 模型中，用户 u 的偏好 $>_u$ 满足式（5.23）、式（5.24）和式（5.25）。

$$\forall i, j \in D : i \neq j \Rightarrow i >_u j \vee j >_u i \tag{5.23}$$

$$\forall i, j \in D : i >_u j \wedge j >_u i \Rightarrow i = j \tag{5.24}$$

$$\forall i, j, k \in D : i >_u j \wedge j >_u k \Rightarrow i >_u k \tag{5.25}$$

即用户 u 的偏好 $>_u$ 满足了完整性、反对称性和传递性。因此，通过对式(5.21)进行简化可以得到式(5.26)。

$$\prod p(>_u \mid \theta) = \prod_{(u,i,j) \in T_s} p(i >_u j \mid \theta) \tag{5.26}$$

为了得到最终的排序结果，需要构建一个模型来计算 $p(i>_u j|\theta)$。为了使用户 u 购买物品 i 的概率大于购买物品 j 的概率，引入了 sigmoid 函数即 $\sigma(\cdot)$。$p(i>_u j|\theta)$ 部分的推导如式(5.27)所示，其中 $x_{uij}(\theta)$ 为描述用户和物品之间潜在关系的任意参数模型。

$$p(i >_u j \mid \theta) = \sigma(x_{uij}(\theta)) \tag{5.27}$$

$\sigma(\cdot)$ 的计算公式如式(5.28)所示。

$$\sigma(x) = \frac{1}{1 + e^{-x}} \tag{5.28}$$

式(5.20)中 $p(\theta)$ 的部分使用了贝叶斯假设，如式(5.29)所示。

$$p(\theta) \sim N(0, \lambda_\theta I) \tag{5.29}$$

通过以上推导可以得出 BPR 模型的优化函数如式(5.30)所示，其中 λ_θ 是模型的惩罚参数。由于普通的梯度下降法收敛速度慢，使用随机梯度下降法来对模型进行优化求解。

$$\begin{aligned}
BPR - OPT :&= \ln p(\theta \mid >_u) \\
&= \ln p(>_u \mid \theta) p(\theta) \\
&= \ln \prod_{(u,i,j) \in T_s} \sigma(x_{uij}(\theta)) p(\theta) \\
&= \sum_{(u,i,j) \in T_s} \ln \sigma(x_{uij}(\theta)) + \ln p(\theta) \\
&= \sum_{(u,i,j) \in T_s} \ln \sigma(x_{uij}(\theta)) - \lambda_\theta \| \theta \|^2
\end{aligned} \tag{5.30}$$

BPR 模型既考虑了用户已经购买的物品又考虑了用户未购买的物品，构建的三元组能够优化排序结果从而得到更加准确的推荐列表。在推荐过程中引入 BPR 模型并对 BPR 模型进行改进，可以进一步提高推荐结果的准确度。

（3）PV-DBOW 模型

PV-DBOW 是 doc2Vector 模型的一种形式，属于文档向量表示学习模型。PV（Paragraph Vector）借鉴了 word2Vector 算法的思想，使用神经网络对段落进行学习进而得到段落的向量表示。word2Vector 可以分为词袋模型（BOW，Bag of Words）和 skip-gram 模型两种，PV 也可分为这两种，本模型的 PV-DBOW 模型（Paragraph Vector-Distributed Bag of Words）为基于段向量的分布式词袋模型。PV-DBOW 模型假设了段落中的词是相互独立的，并且词与词之间的顺序对预测结果不产生影响，此模型仅需要存储少量数据。PV-DBOW 模型通过段落来预测词语，如图 5.4 所示。其中 w_1, w_2, w_3, w_4 等分别代表段落里不同的词语，通过从段落中随机采样可以得到。

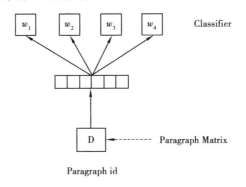

图 5.4　PV-DBOW 模型

除此之外，PV-DM（Paragraph Vector-Distributed Memory）模型也是 PV 模型的一种。在 PV-DM 模型中，每个段落都被映射成一个独立的向量作为矩阵的一列，同时每个词也被映射成一个独立的向量作为矩阵的一列，通过段向量和首尾相接的词向量来预测下一个词语。与 PV-DBOW 模型相比，PV-DM 模型需要存储的数据更多，训练代价更大，因此选用 PV-DBOW 模型对评论数据进行学习，进而得到相应的用户和物品的特征表示。在 PV-DBOW 模型中，每条评论首先被映射到一个语义空间，之后对其训练并进行词语的预测，计算公式如式（5.31）所示。用 d_{um} 表示用户 u 对物品 m 的评论，用 w 表示 d_{um} 中的词，用 V

表示词库,所有的词语都在词库 V 中,每个词语 w 在评论 d_{um} 中出现的概率通过 Softmax 函数来计算得到。

$$P(w \mid d_{um}) = \frac{e^{w^T d_{um}}}{\sum\limits_{w' \in V} e^{w'^T d_{um}}} \qquad (5.31)$$

通过式(5.31)可以得到在评论中任意一个词语 w 出现的概率,但是由于词库 V 中的词语很多,在使词语 w 出现概率 $P(w|d_{um})$ 最大的过程中,系统梯度求解的计算开销大。为了减少式(5.31)的计算代价,提高计算效率,使用负采样计算策略。定义目标函数如式(5.32)所示。其中,词语 w 都在词库 V 中,用户-物品关系对 (u,m) 都在集合 R 中,词语 w 在评论 d_{um} 中出现的频率用 $f_{w,d_{um}}$ 表示。在噪声分布 P_V 上,$\log \sigma(-w_N^T d_{um})$ 的期望用 $E_{w_N \sim P_V} \log \sigma(-w_N^T d_{um})$ 表示,负样本的个数用 t 表示,$\sigma(\cdot)$ 为 sigmoid 函数。

$$L_1 = \sum_{w \in V} \sum_{(u,m) \in R} f_{w,d_{um}} \log \sigma(w^T d_{um}) + \sum_{w \in V} \sum_{(u,m) \in R} f_{w,d_{um}} (t \cdot E_{w_N \sim P_V} \log \sigma(-w_N^T d_{um}))$$

$$(5.32)$$

通过式(5.32)可以得到评论的特征表示 d_{um},进而能够得到相对应的用户 u 和物品 m 的特征向量表示,记为 $\boldsymbol{u}_1$ 和 $\boldsymbol{m}_1$。

5.3.2 基于社交关系的推荐模型

本节描述了所提出的基于社交关系的融合多源异构数据的推荐模型 BRScS(BPR-Review-Score-Social),将评分数据、评论数据、社交网络数据等异构数据进行融合,构建了统一的表示学习框架并对排序结果进行优化。此模型考虑了直接好友和间接好友偏好对用户决策的影响,通过六度模型将社交关系引入到推荐系统中,使用基于段向量的分布式词袋模型和两层全连接神经网络来处理评论数据和评分数据,并使用改进的 BPR 模型对排序结果进行优化。BRScS 模型通过构建联合表示学习框架将多源异构数据进行融合,通过获得用户和物品各自的特征表示来产生 top-N 的推荐结果。

通过评论数据获得的对应用户和物品的向量表示为 u_1 和 m_1，通过评分数据获得的对应用户和物品的向量表示为 u_2 和 m_2。通过融合函数 $f(\cdot)$ 可以得到用户和物品的融合特征表示 u 和 m，定义融合函数 $f(\cdot)$ 如式（5.33）所示。

$$u = f(u_1, u_2), m = f(m_1, m_2) \tag{5.33}$$

使用串联的方式对特征进行融合，即 $u = f(u_1, u_2) = [u_1^T u_2^T]^T$，$m = f(m_1, m_2) = [m_1^T m_2^T]^T$。为了使得所提出的融合推荐模型具有良好的可扩展性，选用串联而不是相乘的方式对特征进行融合，具体推导过程后文有详细介绍。为了便于理解，所提出的模型用 m^+ 表示用户购买过的物品，用 m^- 表示用户未购买过的物品，因此，相较于物品 m^-，用户对物品 m^+ 的偏好更大。基于社交关系的融合推荐模型的目标函数的构建如式（5.34）所示。

在式（5.34）中，$g(\cdot)$ 是融合了用户和物品特征表示的损失函数，本融合推荐模型中 $g(\cdot)$ 为 sigmoid 函数，即 $g(u, m^+, m^-) = \sigma(u^T m^+ - u^T m^-)$。$L_1$ 是有关评论数据的目标函数，L_2 是有关评分数据的目标函数，$W = \{W_1, W_2\}$ 表示模型中的参数。参数 W_1 代表评论表示学习模型的参数，由于不同用户的不同评论的权重都不同，因此需要通过学习得到 W_1 的值。参数 W_2 代表评分表示学习模型的参数，由于在评分表示学习模型中用户和物品的向量表示可以直接通过评分获得，因此参数 W_2 不需要通过优化目标函数学习得到，可以直接将其设置为 1。θ 表示模型中其他需要学习得到的参数，$\theta = \{\theta_1, \theta_2\} = \{\{w, d_{um}\}, \{U_1, U_2, c_1, c_2, r_u, r_m\}\}$。$\lambda_1$ 和 λ_2 分别代表不同目标函数的正则化参数，取值范围在区间 $[0,1]$。整体函数 L 的优化目标是使其最大化，$\lambda_1 L_1$ 前的符号为加号。但因为处理评分数据模型的优化目标是使其最小化，因此 $\lambda_2 L_2$ 前的符号为减号。

$$
\begin{aligned}
\max_{W,\theta} L &= \sum_{(u,m) \in R} g(u, m^+, m^-) + \lambda_1 L_1 - \lambda_2 L_2 \\
&= \sum_{(u,m) \in R} \{ \sigma(u^T m^+ - u^T m^-) + \lambda_1 \sum_{w \in V} f_{w,d_{um}} (\log \sigma(w^T d_{um}) + \\
&\quad t \cdot E_{w_N \sim P_V} \log \sigma(-w_N^T d_{um})) - \lambda_2 (\phi(U_2 \phi(U_1(r_u \cdot r_m) + c_1) + c_2) - r_{um})^2 \}
\end{aligned}
\tag{5.34}
$$

当向推荐系统引入一个新的数据源时,只需将处理该数据的对应函数添加到整体的目标函数中即可,不需要重新设计整个推荐框架。

对式(5.34)进行优化,可以得到用户的融合特征表示 u 和物品的融合特征表示 m,通过将用户的融合特征表示和物品的融合特征表示相乘可以获得排序分数 s,计算方法如式(5.35)所示。排序分数 s 的值越大,则代表用户选择对应物品的可能性越高。因此,对排序分数 s 进行降序排列后可以得到为用户提供的 top-N 个性化推荐列表。

$$s = u^T m \tag{5.35}$$

算法 2 是本节提出的 BRScS 模型的伪代码,对融合推荐过程的主要步骤进行描述。

算法 2　BRScS 模型

输入：　评分数据集 $Score$,社交关系数据集 $Relation$,评论数据集 $Review$,词库 V;

输出：　用户表示 u,物品表示 m,推荐列表 $List$;

1：　初始化 θ, embedding size = 300, batch size = 64, negative sample = 5;//初始化参数

2：　for epoch = 1, 2, $\cdots$, n do

　　　//分离数据集

3：　将数据集 $Score$, $Relation$, $Review$ 分为训练集(70%)和测试集(30%);

4：　计算用户间距离 l_{ab};

5：　基于 BPR 构造正样本和负样本三元组 $g(u, m^+, m^-)$;

6：　学习单词在评论中出现的频率 $f_{w,d_{um}}$ 和期望值 $E_{w_N \sim P_V} \log \sigma (-$

$$w_N^T d_{um})\ ;$$

7：　　得到评论表示 d_{um}；

8：　　根据评分数据学习参数 U_1, U_2, c_1, c_2；

9：　　得到评分表示 r_u, r_m；

10：　　计算 $\underset{W,\theta}{L} = \sum_{(u,m) \in R} g(u, m^+, m^-) + \lambda_1 L_1 - \lambda_2 L_2$；

11：　　反向传播更新 $\theta = \{\theta_1, \theta_2\}$；

　　　　//获得用户和物品的融合特征表示

12：　　根据式(5.34)计算对应用户和物品表示 u, m；

13：　　end for //循环结束

14：　　按照式(5.35)计算 s；

15：　　获得 top-N 的推荐列表 List

5.3.3　基于社交关系的推荐模型对比实验

（1）实验数据集

Yelp 是美国最大的公共点评网站,它涵盖了众多业务如餐厅、购物中心、旅游景点和酒店等,用户可以在 Yelp 网站上对商家进行打分,留下自己的评论,同时可以与其他用户建立好友关系,并交流分享经验。本实验的数据来源于 Yelp 官方网站上公布的 Yelp 公开数据集,可直接下载得到。Yelp 公开数据集的格式为 JSON,包含了用户和商家的各种详细信息,比如用户 ID、商家 ID、用户对商家的评分和评论、用户之间的好友关系、用户位置、商家位置等。

在本实验中,用户数据中的好友关系被转换成用户-好友关系对的形式,评分和评论被用于分析用户对商家的满意度。但是由于 Yelp 数据集过于稀疏,很多用户的评论只有寥寥几条,为了验证所提出模型的有效性,对评论数小于 20 条的数据进行过滤,生成新的数据集,将其命名为 New-Yelp,表 5.3 给出了

New-Yelp 数据集的详细信息。在对 Yelp 数据集进行过滤后,得到的用户数为 16 371 个,商家数为 22 581 个,从用户数据里面可以提取到的用户-好友关系对为 6 111 137 个,用户对商家的评分/评论数为 356 990 个,通过计算可知数据的稀疏度为 99.90%。

硬件环境方面,本实验在 Ubuntu 16.04 操作系统下,单核 GPU GeForce GTX 1080 Ti 上进行。Ubuntu 操作系统以桌面应用为主,在服务器、台式计算机以及笔记本计算机上都可以使用这个操作系统。

表 5.3 New-Yelp 数据集的详细数据

数据集	New-Yelp
用户	16 371
商家	22 581
用户-好友关系对	6 111 137
评分/评论	356 990
稀疏度	99.90%

软件环境方面,本实验使用 IntelliJ IDEA 对数据进行预处理,使用 igraph 分析用户好友关系并构建社交网络,使用 Anaconda 的 python3.6,tensorflow1.4 对模型进行训练与评估。IntelliJ IDEA 是一个 JAVA 语言开发的集成环境,特色功能有智能选取、代码重构、自动提示、代码分析等。igraph 是一个专门用来处理网络图的软件包,使用 igraph 构建用户好友关系网络图。Anaconda 是一个开源的包及环境管理器,在 Anaconda 上可以创建不同的虚拟环境并安装不同版本的软件包,还可以在不同的环境之间自由切换,Anaconda 能够满足不同实验对环境的需求。

(2)数据处理及流程

如图 5.5 所示为实验的数据处理过程。首先筛选出评论数少于 20 的所有数据,得到过滤后的评论及评分文件(filter20_review.json)。之后从用户数据中提取用户-好友关系对(relation. json),同时通过 relation 文件和 allUser 文件构建用户之间的社交关系网络,将用户之间的关系存储在 allDegreeRelation 文件中,通过用户好友信任度模型提取用户之间的相似度,将用户好友对用户的不同影响添加到用户对物品的评分及评论数据中。最后对数据中的用户和物品进行唯一编号,完成数据的处理过程。

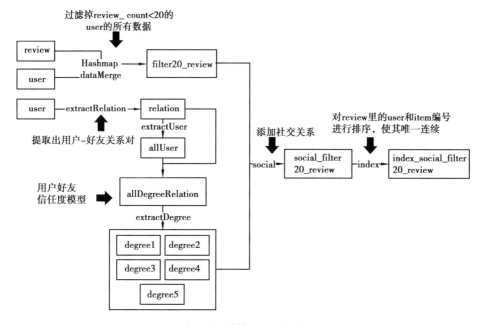

图 5.5　数据处理流程

本实验将评论词数小于 5 的单条评论筛选为无效评论,筛选出无效评论后,对数据进行处理得到 review_text. txt. gz、review_id. txt. gz、users. txt. gz、vocab. txt. gz 等文件。其次,将数据集划分为 70% 的训练数据集(train. txt. gz)和 30% 的测试数据集(test. txt. gz)。之后通过 main 文件对模型进行训练和测试,并将结果写入 test. product. ranklist 文件中。最后通过评价文件(recommendation_metric. py)在 4 个指标上对模型的推荐结果进行评估。实验的整体过程如图 5.6 所示。

(3)基准方法

为了证明所提出的基于社交关系的融合多源异构数据推荐模型的有效性,

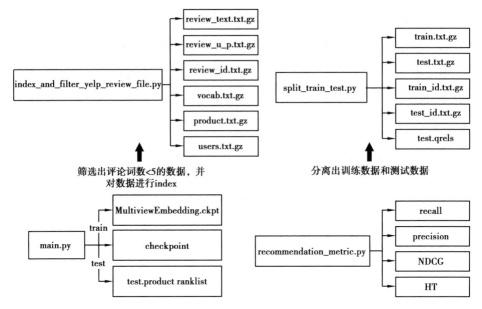

图 5.6　模型训练过程

我们进行两组对比实验。实验将 New-Yelp 数据集分为了 2 个部分,其中 70%的数据用于训练,30% 的数据用于测试。参数设置方面,实验的 batch size 为64,epoch 为 40,embedding size 为 300,负样本数为 5。

第一个实验的目的是证明将社交网络数据引入推荐系统能有效提高推荐精确度,同时选择出适合处理文本数据的模型。Deep CoNN 是推荐系统中常用的处理评论数据的模型,BR,BRS,BRSc 和 BRScS 等都是使用 BPR 框架和 PV-DBOW 算法来处理评论数据的模型。实验一对以下模型进行对比。

①DR(Deep CoNN + Reivew)模型在深度协作神经网络模型的基础上,使用评论数据为用户产生推荐,是一种 Pointwise 的排序学习算法。

②BR(BPR + Review)模型基于传统的 BPR 框架,使用 PV-DBOW 模型处理评论数据并为用户提供推荐列表,是一种 Pairwise 的排序学习算法。

③BRS(BPR + Review + Social)模型在改进的 BPR 框架基础上,同时使用了评论数据和社交网络数据,引入 PV-DBOW 模型和用户信任度模型为用户进行推荐。此处的社交数据既包含了用户的直接好友,又包含了用户的间接

好友。

④HRS(HDC + Review + Social)模型在基于词嵌入的正则化语义模型基础上,将评论数据和社交网络信息进行融合从而为用户产生推荐列表。

⑤SRS(SEL + Review + Social)模型在简化的词嵌入语义模型基础上,同时使用了评论数据和社交网络数据为用户进行推荐。

⑥BRSc(BPR + Review + Score)模型在传统的 BPR 框架基础上,同时使用评论数据和评分数据,为用户产生推荐列表。

⑦BRScS(BPR + Review + Score + Social)模型在改进的 BPR 框架基础上,将评论数据、评分数据以及社交网络数据等多源异构数据放在统一的融合推荐框架中进行训练,在得到用户和物品各自的特征表示后为用户提供推荐。BRScS 模型为本书提出的融合推荐模型。

（4）评价指标

通过 4 个评估指标衡量实验结果,分别是:

①Recall:召回率,指用户购买的推荐列表里的物品占用户购买的所有物品的比例。

②Precision:精确率,指用户购买的推荐物品数量占系统推荐给用户物品数量的比例。

③NDCG:归一化折损累积增益,用于计算推荐物品的排名质量。一个好的推荐列表应该把用户最可能选择的物品放在最前面,把用户选择倾向不大的物品放在后面。

④HT:命中率,指用户是否购买了推荐列表里的物品。如果用户购买了推荐列表中的物品,则表示命中;否则,表示未命中。

（5）实验结果及分析

实验一从 Recall,Precision,NDCG 和 HT 等方面对不同推荐模型进行评估,这 7 个模型的 top-5 的推荐结果如表 5.4 所示,top-10 的推荐结果如表 5.5 所示。在表 5.4 和表 5.5 中,实验最佳结果用黑体表示。

表 5.4 实验一的 top-5 推荐结果

方法/100%	top-5 推荐			
	Recall@5	Pre@5	NDCG@5	HT@5
DR	3.324	1.087	2.131	5.976
BR	3.422	1.119	2.37	6.334
BRS	4.175	1.308	2.967	7.425
HRS	1.12	0.326	0.751	1.93
SRS	1.853	0.608	1.321	3.492
BRSc	3.65	1.208	2.541	6.794
BRScS	**4.363**	**1.352**	**3.084**	**7.71**

实验一中,BRS,HRS 和 SRS 是 3 种不同的基于评论数据和社交网络数据的推荐模型。实验结果表明,BRS 模型在推荐的精确率、召回率等方面明显优于 HRS 模型和 SRS 模型,这表明在推荐系统中引入 BPR 模型能够提高推荐的效果。BR 和 DR 都是基于评论数据的推荐模型,实验结果显示 BR 模型比 DR 模型的推荐效果更好,是因为 DR 模型是基于 Pointwise 的算法,而 BR 模型是基于 Pairwise 的算法,与 Pointwise 算法相比,Pairwise 算法不仅考虑了用户对物品的评价还考虑了物品之间的排序,因此推荐效果更好。BRS 模型的实验效果优于 BR 模型,BRScS 模型的实验效果优于 BRSc 模型,这表明向推荐系统中引入社交网络数据能有效地提高推荐的精确度,可以解决新用户冷启动问题。所有模型中,所提出的 BRScS 模型在 Recall,Precision,NDCG 和 HT 等方面表现最佳,推荐效果最好。

表 5.5　实验一的 top-10 推荐结果

方法/100%	top-10 推荐			
	Recall@ 10	Pre@ 10	NDCG@ 10	HT@ 10
DR	4.52	0.965	2.981	8.328
BR	5.56	1.004	3.103	10.049
BRS	6.617	1.125	3.784	11.483
HRS	1.855	0.304	1.003	3.256
SRS	2.843	0.517	1.651	5.268
BRSc	5.787	1.057	3.264	10.48
BRScS	**6.85**	**1.168**	**3.915**	**11.83**

实验二将所提出的融合推荐模型与其他经典的推荐模型进行对比。BSc（BPR + Score）模型在传统的 BPR 框架上，使用评分数据为用户进行推荐。UserCF 是基于用户的协同过滤算法，是经典的推荐算法之一，使用了评分数据为用户提供推荐列表。BRSc 是一个融合了评论数据和评分数据的推荐模型，BRScS 是提出的融合评论数据、评分数据以及社交网络关系的推荐模型。表 5.6 为实验二得到的实验结果，其中最佳实验结果用黑体表示。

表 5.6　实验二的推荐结果

评价指标/100%	BSc	UserCF	BRSc	BRScS
Recall@ 5	1.532	1.93	3.65	**4.363**
Recall@ 10	2.26	2.78	5.787	**6.85**
Precision@ 5	0.671	0.25	1.208	**1.352**
Precision@ 10	0.227	0.18	1.057	**1.168**
HT@ 5	5.784	6.38	6.794	**7.71**
HT@ 10	8.628	9.15	10.48	**11.83**

通过对实验二的结果进行分析，可以得出如下结论：

①评论、评分融合推荐比评分推荐精确。BRSc 模型在 Recall，Precision 和 HT 等 3 个指标上优于 BSc 模型和 UserCF 模型，这表明将评论数据与评分数据融合在一起进行推荐比单独使用评分数据进行推荐的效果好。

②提出的 BRScS 模型表现最佳。提出的 BRScS 模型通过统一的融合推荐框架将评分数据、评论数据和社交网络数据等多源异构数据进行充分融合，在所有指标上的表现均比传统的推荐算法效果好，可为用户提供更符合其偏好和期望的物品。

③可解决用户冷启动问题。当新用户进入推荐系统时，可以根据其直接好友和间接好友的历史数据为其提供推荐，因此用户冷启动问题可以通过社交关系的引入解决。

5.4　可扩展的基于社交关系的多源异构数据推荐

本节对 BRScS 模型的优化过程进行分析，并做出了改进，构建了一个可扩展的融合推荐模型，当向此推荐系统中引入新的数据源时，既无须重新设计推荐框架，也无须重新训练已有模型参数。

5.4.1　优化过程

对上节提出的融合推荐模型的优化过程进行分析，通过随机梯度下降法对式(5.34)即对整体目标函数 L 进行优化，其中，关于 θ 的部分具体优化为

$$\frac{\partial L}{\partial \theta_k} = \lambda_k \frac{\partial L_k}{\theta_k} \tag{5.36}$$

由式(5.36)可以得出，θ_k 的优化只与对应的 L_k 有关，与其他的参数变量无关。如 θ_1 的优化只与 L_1 中的参数有关，与 L_2 中的参数无关。

关于 W 的部分，优化过程为

$$\frac{\partial L}{\partial W_k} = \sum_{(u,m) \in R} \left(\frac{\partial g}{\partial u} \frac{\partial u}{\partial W_k} + \frac{\partial g}{\partial m^+} \frac{\partial m^+}{\partial W_k} + \frac{\partial g}{\partial m^-} \frac{\partial m^-}{\partial W_k} \right)$$

$$= \sum_{(u,m) \in R} \left(\frac{\partial g}{\partial u} \frac{\partial f}{\partial u_k} \frac{\partial u_k}{\partial W_k} + \frac{\partial g}{\partial m^+} \frac{\partial f}{\partial m_k^+} \frac{\partial m_k^+}{\partial W_k} + \frac{\partial g}{\partial m^-} \frac{\partial f}{\partial m_k^-} \frac{\partial m_k^-}{\partial W_k} \right) \quad (5.37)$$

对式(5.37)进行简化,首先定义 $h(\cdot)$ 函数为

$$h(x) = \frac{\partial g}{\partial x} \frac{\partial f}{\partial x_k} \quad (5.38)$$

之后将式(5.38)代入式(5.37)中,得到的简化公式为

$$\frac{\partial L}{\partial W_k} = \sum_{(u,m) \in R} \left(h(u) \frac{\partial u_k}{\partial W_k} + h(m^+) \frac{\partial m_k^+}{\partial W_k} + h(m^-) \frac{\partial m_k^-}{\partial W_k} \right) \quad (5.39)$$

由式(5.39)可以得出,在对目标函数 L 进行优化的过程中,$\frac{\partial u_k}{\partial W_k}$,$\frac{\partial m_k^+}{\partial W_k}$ 和 $\frac{\partial m_k^-}{\partial W_k}$

的部分仅与对应的 L_k 有关,与处理其他数据的参数变量无关。如 $\frac{\partial u_1}{\partial W_1}$,$\frac{\partial m_1^+}{\partial W_1}$ 和

$\frac{\partial m_1^-}{\partial W_1}$ 只与 L_1 中的参数有关,与 L_2 中的参数无关。

前文定义了 $g(\cdot)$ 为 sigmoid 函数,即 $g(u,m^+,m^-) = \sigma(u^T m^+ - u^T m^-)$,因此在式(5.38)的基础上可以推导出式(5.40),式(5.41)和式(5.42),如下所示。

$$h(u) = \frac{\partial g}{\partial u} \frac{\partial f}{\partial u_k} = \sigma'(u^T m^+ - u^T m^-)(m_k^+ - m_k^-)^T \quad (5.40)$$

$$h(m^+) = \frac{\partial g}{\partial m^+} \frac{\partial f}{\partial m_k^+} = \sigma'(u^T m^+ - u^T m^-) u_k^T \quad (5.41)$$

$$h(m^-) = \frac{\partial g}{\partial m^-} \frac{\partial f}{\partial m_k^-} = \sigma'(u^T m^+ - u^T m^-)(-u_k^T) \quad (5.42)$$

由于 $u = [u_1^T u_2^T]^T$,可知 $h(u)$ 与 L_1、L_2 中的参数都有关,$h(m^+)$ 和 $h(m^-)$ 同理。当向此融合推荐模型引入一种新的数据源时,需要对整个推荐框架的参数进行重新训练。

5.4.2　推荐模型

提出的融合推荐模型在对目标函数 L 进行优化时,处理评分数据和评论数据的参数共享,参数间信息可以相互传递。当向推荐系统中引入新的信息源时,需要重新训练整个推荐框架的参数。为了进一步提高推荐系统的可扩展性,本节在融合推荐模型(BRScS)的基础上提出了可扩展的融合推荐模型(sBRScS)。

在之前的融合推荐模型中,将 $g(\cdot)$ 定义为 $g(u,m^+,m^-) = \sigma(u^T m^+ - u^T m^-)$。由式(5.39)和 $u = [u_1^T u_2^T]^T$ 可知,模型中处理不同数据的参数共享,信息之间可以传递。如果使式(5.39)的 $h(u)$ 中不含 u 只含 u_k,则可以避免参数的共享。基于以上分析,在本节提出的可扩展的融合推荐模型中,定义 $g(\cdot)$ 为

$$g(u,m^+,m^-) = \sum_k \sigma(u_k^T m_k^+ - u_k^T m_k^-) \tag{5.43}$$

因此,将式(5.43)代入到式(5.38)中,可以推导出式(5.44),式(5.45)和式(5.46),如下所示。

$$h(u) = \sigma'(u_k^T m_k^+ - u_k^T m_k^-)(m_k^+ - m_k^-)^T \tag{5.44}$$

$$h(m^+) = \sigma'(u_k^T m_k^+ - u_k^T m_k^-)u_k^T \tag{5.45}$$

$$h(m^-) = \sigma'(u_k^T m_k^+ - u_k^T m_k^-)(-u_k^T) \tag{5.46}$$

将上述三个公式代入式(5.37)中,则可得到关于 W 部分的优化过程为

$$\frac{\partial L}{\partial W_k} = \sum_{(u,m)\in R} \sigma'(u_k^T m_k^+ - u_k^T m_k^-)\left((m_k^+ - m_k^-)^T \frac{\partial u_k}{\partial W_k} + u_k^T \frac{\partial m_k^+}{\partial W_k} - u_k^T \frac{\partial m_k^-}{\partial W_k}\right)$$

$$\tag{5.47}$$

由式(5.47)可知,在对可扩展的融合推荐模型的目标函数进行优化时,处理各个数据的参数变量仅参与内部计算,并不用来共享。即 W_k 的优化只与对应的 L_k 有关,与其他的参数变量无关。如 W_1 的优化只与 L_1 中的参数有关,与

L_2 中的参数无关。

　　因此,当向此推荐系统中引入一个新的数据源时,仅需通过相关算法对新的数据源进行训练从而得到相关算法的参数即可,无须重新训练整个框架,也无须更改与其他数据相关的已经训练好的算法参数。本节提出的可扩展的融合推荐模型(sBRScS)在框架设计和参数训练等方面均具有良好的可扩展性,具体的性能表现将通过后面的实验进行验证。

5.4.3　实验结果及分析

　　本节将所提出的两种推荐模型(融合推荐模型 BRScS 和可扩展的融合推荐模型 sBRScS)与其他推荐模型对比,以验证可扩展推荐模型的性能。

　　sBSc 模型是使用评分数据的可扩展的推荐模型,sBR 模型是使用评论数据的可扩展的推荐模型,BRSc 模型是融合了评论数据和评分数据进行推荐的模型,sBRSc 模型是融合了评论数据和评分数据的可扩展的推荐模型,这些模型都是基于 BPR 框架。表 5.7 为本节实验的结果,最佳实验结果用黑体表示。

表 5.7　可扩展性对比实验

方法/100%	top-10 推荐			
	Recall@10	Pre@10	NDCG@10	HT@10
sBSc (Score)	2.26	0.227	1.627	8.628
sBR (Review)	5.56	1.004	3.103	10.049
BRSc (Review + Score)	5.787	1.057	3.264	10.48
sBRSc (Review + Score)	5.638	1.042	3.223	10.268
BRScS (Review + Score + Social)	**6.85**	**1.168**	**3.915**	**11.83**

续表

方法/100%	top-10 推荐			
	Recall@10	Pre@10	NDCG@10	HT@10
sBRScS （Review + Score + Social）	6.726	1.135	3.904	10.95

通过对实验过程及结果进行分析,可以得到如下结论:

①提出的 sBRScS 模型具有可扩展性。当向可扩展的推荐系统引入一个新的数据源时,只需训练新的数据源得到相关参数,无须重新训练整体推荐框架和已有的模型参数。当向推荐系统新引入评论数据时,只需训练评论数据,无须重新训练评分数据,系统中已有的关于评分数据的参数没有改变。当向推荐系统新引入评分数据时,只需训练评分数据,无须重新训练评论数据,系统中已有的关于评论数据的参数没有发生改变。

②引入数据源越多,推荐质量越好。sBRScS 模型明显比 BSc 模型、BR 模型、BRSc 模型、sBRSc 模型的推荐效果好,这证明了引入新数据源可以提升推荐精度,所提出的 sBRScS 模型具有较好的推荐效果,能够提升推荐质量。

③可扩展性带来了推荐精度的损失。sBRSc 模型的推荐效果没有 BRSc 模型好,sBRScS 模型的推荐效果没有 BRScS 模型好。这是因为与 BRScS 模型和 BRSc 模型的全局优化相比,在 sBRScS 模型和 sBRSc 模型的训练过程中,并没有进行不同数据间信息的传递和参数的优化,使得整体模型没有达到最优的状态,因此推荐效果略显逊色。

尽管 sBRScS 模型的推荐性能比 BRScS 模型有所降低,但却使融合推荐框架拥有更好的可扩展性,当新引入一个数据源时,无须重新设计推荐框架和重新训练模型参数,是更深层次的可扩展的融合推荐模型。与略微降低的性能相比,sBRScS 模型不必重新训练已经训练好的参数,为推荐系统在可扩展性方面的研究提供了新的思路,在现实研究中具有更深远的意义。

　　之前的实验均将特征的嵌入大小(Embedding Size)设置为 300,事实上,这是通过实验得到的。为了得到合适的特征维度大小,设置不同的 Embedding Size,在 BSc、BR、BRS、BRScS 和 sBRScS 等推荐模型上进行了多组实验,在 Recall@10 上对推荐质量进行了评估,实验结果如表 5.8 所示。

　　从实验结果分析可以得出,随着 Embedding Size 的增大,BSc 模型、BR 模型和 BRS 模型的推荐性能先升高后降低。当 Embedding Size 为 50 时,BSc 模型达到最佳性能。当 Embedding Size 为 100 时,BR 模型和 BRS 模型达到最佳性能。随着 Embedding Size 的增大,特征向量的维度变多对数据特征的提取更加准确,推荐效果更好。之后降低是因为随着特征维度的增多,系统出现了过拟合,导致推荐性能下降。

表 5.8　不同嵌入大小的实验结果

方法/100%	嵌入大小						
	10	50	100	200	300	400	500
BSc	2.093	2.26	2.13	1.928	1.85	1.892	1.957
BR	3.917	5.128	5.56	5.43	5.212	4.98	4.71
BRS	4.06	5.334	6.617	6.11	5.795	5.21	5.154
BRScS	4.2	5.825	6.28	6.675	6.85	6.86	6.98
sBRScS	3.96	5.31	5.932	6.43	6.726	6.87	6.91

　　随着 Embedding Size 的增大,BRScS 模型和 sBRScS 模型的推荐性能显著升高后趋于稳定。当 Embedding Size 设置为 300 时,BRScS 模型和 sBRScS 模型的性能达到一个比较高的水平。尽管之后随着特征维度的增加,两个推荐模型的性能还在提升,但提升幅度很小,计算机的计算代价却在明显增大。因此,将实验的 Embedding Size 设置为 300。

　　表 5.8 显示,BRScS 模型和 sBRScS 模型达到最佳性能时的 Embedding Size 要比 BSc 模型和 BR 模型大,推荐性能也更好。这意味着 BRScS 模型和 sBRScS

模型更能处理复杂的大批量数据,更能处理现实生活中遇到的复杂推荐问题,适用于当今信息过载的互联网时代。

5.5　本章小结

基于深度学习的强大表示学习的能力,本书提出 3 个基于深度学习的多源异构数据融合推荐模型:基于社区发现的多源异构数据融合推荐模型、基于社交关系的多源异构数据融合推荐模型、可扩展的基于社交关系的多源异构数据融合推荐模型。本章对模型分别阐述,并分别进行对比实验验证所提出模型显著提高了推荐准确度。

第6章 基于深度哈希图像-文本跨模态检索

本章以现实应用场景中最常见的图像和文本两种模态数据的相互检索为例,提出了一种多层语义跨模态深度哈希(Deep Multi-Level Semantic Hashing for Cross-modal Retrieval,DMSH)算法,并给出了基于该算法的检索模型。

6.1 问题描述

本书以图像和文本两种模态为例进行讨论。假设训练数据为包含 n 个样本点的数据集 $D = \{G, X, T\}$,每个样本点包含两种模态数据的特征,即每个训练样本包含图像和文字两种模态。$G = \{g_i\}_{i=1}^{n}$ 表示图像数据,$X = \{x_i\}_{i=1}^{n}$ 表示文本数据,文本通常是与图像相关的一些文字标签。$T = \{t_i\}_{i=1}^{n}$ 表示数据的类别标签。S 为跨模态相似度矩阵,即以 S_{ij} 的大小表示图像 g_i 和文本 x_i 的相似度关系,S_{ij} 越大,相似度越大,反之相似度越小。文中将 S 记做哈希标签,避免与 T 混淆。表6.1给出了文中使用的符号说明。

表6.1 符号说明

n	训练数据集中的数据点个数
c	哈希码码长
E	元素取值均为1的向量
$G = \{g_i\}_{i=1}^{n}$	图像数据集

续表

n	训练数据集中的数据点个数
$X = \{x_i\}_{i=1}^n$	文本数据集
$T = \{t_i\}_{i=1}^n$	标签集
$D = \{(g_i, x_i)\}_{i=1}^n$	训练数据集
$C^{(g)}, C^{(x)}$	图像和文本的哈希码
$\boldsymbol{S}^{(b)} = \{\boldsymbol{S}_{ij}^{(b)}\}$	二值相似度矩阵
$\boldsymbol{S}^{(l)} = \{\boldsymbol{S}_{ij}^{(l)}\}$	多层语义相似度矩阵

给定上述训练数据信息,本模型的目标主要有以下三点:

①分别为图像和文本数据学习哈希函数 $h(g), h(x)$ 使得两种模态的数据通过各自的哈希函数映射到汉明空间,得到相应的二值码表示,即哈希码 $C^{(g)}$, $C^{(x)}$, 以 c 表示哈希码的长度。$h(g), h(x)$ 应满足使 $C^{(g)}, C^{(x)}$ 各自保留数据在原语义空间的相似性 S。具体来说,当 $\boldsymbol{S}_{ij}$ 较大时, $C^{(g_i)}, C^{(x_j)}$ 应具有较小的汉明距离,当 $\boldsymbol{S}_{ij}$ 较小时, $C^{(g_i)}, C^{(x_j)}$ 具有较大汉明距离。

②采用有监督的哈希学习方法,设计合理的语义空间相似度度量方法,综合考虑数据间的相似程度,而不是单纯以二值的相似/不相似作为哈希监督信息。使得约束条件更符合实际情况,以提高检索结果的准确性,及模型的可解释性和可扩展性。

③提出一种跨模态检索模型,使训练完成后的模型可以为任意图像或文本数据生成相应的哈希码,并实现两种模态数据的相互检索,返回检索结果。

6.2　相关算法

跨模态检索是图像检索乃至多媒体信息检索的未来发展趋势。跨模态检索的主要任务是将不同模态的数据映射到一个公共空间,对二者的关系建模。

寻找公共空间的方法主要有基于传统统计相关分析的方法、基于深度学习的方法和哈希方法。本章将对这三种方法涉及的理论和技术基础进行介绍。

6.2.1　基于传统统计相关分析的方法

基于传统统计相关分析的方法是所有寻找公共空间的方法的基础。它通过优化统计变量值找到一个线性映射矩阵,从而将不同模态的数据映射到公共空间。典型相关分析(Canonical correlation analysis, CCA)是其中最具代表性的方法。

CCA 是利用综合变量对之间的相关关系来反映两组指标之间的整体相关性的多元统计分析方法。它的基本原理是:寻找使一组相关的异质数据的相关关系最大化的子空间。分别在两组变量 X、Y 中提取有代表性的两组综合变量 U 和 V。它们分别是两个变量组中各变量的线性组合。利用这两组综合变量之间对应的相关关系来反映两组指标之间的整体相关性。通常,相关关系的度量采用皮尔逊相关系数(Pearson Correlation Coefficient),其定义如下:

$$\rho_{U,V} = Corr(U,V) = \frac{Cov(U,V)}{\sigma_U \sigma_V} = \frac{E[(U - \mu_U)(V - \mu_V)]}{\sigma_U \sigma_V} \tag{6.1}$$

其中,$Cov(U,V)$ 为两个变量 U、V 的协方差,协方差是反映两个随机变量相关程度的指标,其定义如下:

$$Cov(U,V) = \frac{\sum_{n}^{i=1}(U_i - \bar{U})(V_i - \bar{V})}{n-1} \tag{6.2}$$

其中,$\sigma(\cdot)$ 为标准差。下面简要给出典型相关分析的数学描述。

设有两组随机变量:$X = (X_1, X_2, \cdots, X_p)'$,$Y = (Y_1, Y_2, \cdots, Y_q)'$

不妨设 $p \leqslant q$,则两组变量的协方差矩阵为

$$\Sigma_{(p+q)*(p+q)} = \begin{bmatrix} \Sigma_{(p*p)}^{11} & \Sigma_{(p*q)}^{12} \\ \Sigma_{(q*p)}^{21} & \Sigma_{(q*q)}^{22} \end{bmatrix} \tag{6.3}$$

分别定义 X 与 Y 的线性组合 $U = a^T X$, $V = b^T Y$,则称 U、V 为典型变量,其方差和协方差分别为

$$Var(u) = a^T \sum\nolimits_{11} a \tag{6.4}$$

$$Var(v) = b^T \sum\nolimits_{22} b \tag{6.5}$$

$$Cov(u,v) = a^T \sum\nolimits_{12} b \tag{6.6}$$

则 U、V 的皮尔逊相关系数:

$$\rho(U,V) = Corr(U,V) = \frac{Cov(U,V)}{\sigma_U \sigma_V} = \frac{a^T \Sigma_{12} b^T}{\sigma_U \sigma_V} \tag{6.7}$$

称为典型相关系数。

因此,CCA 的目标函数可表示为

$$\max \frac{a^T \Sigma_{12} b^T}{\sigma_U \sigma_V} \tag{6.8}$$

CCA 作为跨模态检索的基准方法取得了广泛的应用。通过定义可知,CCA 反映了两组异质变量之间的线性相关性。但由于大部分数据间的关系是非线性的,导致 CCA 在实际应用中通常无法取得理想结果。为解决上述问题,产生了一些基于 CCA 的改进方法,如基于核的典型相关分析(kernel-CCA),基于聚类的典型相关分析(cluster-CCA)及结合两种方法的混合模型 cluster-KCCA,基于深度学习的 DCCA 等。

6.2.2　基于深度学习的方法

近年来,随着大规模图像识别数据库 ImageNet 的建立与完善,以及计算机硬件的飞速发展,神经网络在图像分类识别领域取得了重大突破。深度学习所采用的特征是网络自动从大量训练数据中学习出来的,而非传统手工设计特征,实现了从像素级特征到抽象语义特征的逐层提取,具有强大的特征提取和表达能力,广泛应用于跨模态检索任务。

（1）基于深度学习的跨模态检索

随着深度学习的发展,深度神经网络(Deep Neural Network,DNN)在许多多媒体数据相关的任务中展示出巨大的潜力,如目标检测、文本生成等。由于具有强大的非线性学习能力,DNN 也被广泛应用于跨模态检索领域。跨模态检索中常用的网络结构有两种,一种是单一的网络结构,如图 6.1 所示。同时将不同模态的数据输入同一网络直接得到它们的共同表示形式。另一种结构为采用多个子网络,如图 6.2 所示。分别为不同模态数据构建特征提取网络,并在输出层前将它们通过模态间的相关性约束建立关联。根据学习跨模态特征表示时采用的不同信息,又可将基于深度学习的跨模态检索分为无监督学习方法和监督学习方法。

无监督学习方法利用样本的共现关系学习跨模态数据的公共空间。即若两个不同模态的数据同时出现在一个多模态的文档中,则认为它们包含某些相似的语义信息。例如,互联网上描述某一事件的网页上,可能同时出现文本、图片、视频等数据,此时认为这些多媒体数据表达相似的语义信息。

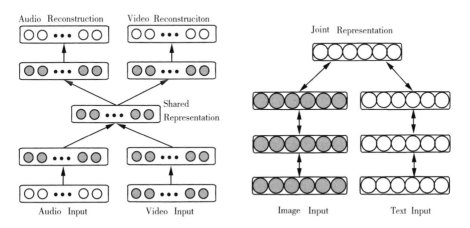

图 6.1　单一网络结构

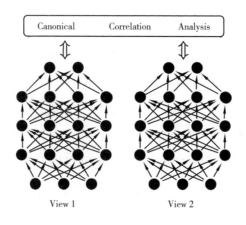

图6.2　多个子网结构

Ngiam 等提出一种基于深度自编码器的图像语-音双向模型。通过建立两种模态的共同表示,实现给定任意一种模态,利用该网络重建图像、语音两种模态数据。Srivastava 等提出基于深度玻尔兹曼机的多模态信息表示模型,不仅可以在图像-文本多模态输入下产生多模态数据的联合表示,并且在任意单模态输入下,能够生成另一种模态的信息表示。Xu 等建立一个由语义语言模块、深度视频模块和联合嵌入模块构成的视频-文本联合模型。通过最小化语言模型和视频模型的输出之间的距离来同时优化两个模块,建立两种模态在公共空间的联合表示。Wang 等根据不同模态数据的复杂性差异,分别对各模态数据采用不同的网络结构建模。充分利用模态间和模态内的数据关联关系,减少冗余信息产生的噪声,学习更加紧凑、准确的跨模态信息表示方法。Zhang 等受生成对抗网络(Generative Adversarial Network,GAN)的启发,提出了无监督的UGACH 框架,充分利用 GAN 的无监督特征学习和表示能力,对跨模态数据复杂关联关系建模。

监督学习方法根据数据的类别标签确定相似度关系,相比无监督方法在特征空间保留了更多语义信息。具体地,无监督方法仅对原始语义空间和抽象特征空间的关系施加相似性约束,而监督学习方法还同时对特征空间的样本类别之间的关联进行约束。不仅使训练样本在原语义空间和特征空间保持一致的相似性,而且保证相同类别的样本在特征空间距离更近,而不同类别距离更远。

Karpathy 等提出一种基于卷积神经网络的文本-图像关联预测模型,利用循环神经网络生成图像的文字描述。通过实验验证了该模型在跨模态检索问题上的性能。在建立原始数据到公共特征空间的映射时,采用通过类别标签生成的图像-文本相似度得分作为监督信息。Cao 等分别利用卷积神经网络提取图像特征,循环神经网络提取文本句子特征,并设计结构化边缘最大化目标函数学习图像-文本跨模态关联,使相似的样本具有相似的特征表示。其中相似性度量同样由数据的类别标签产生:相同类别的数据相似度为 1,不同类别数据相似度为 0。Shen 等同样对图像和句子建模,不同的是更加关注图像中包含的局部物体和句子中单词之间的依赖关系,采用卷积神经网络对文本和图像进行深度二值编码。通过量化图像和文本的语义关联更好地捕捉异质数据之间的关系。

(2)哈希方法

哈希方法最早应用于近似最近邻搜索(Approximate Nearest Neighbor)领域,用来加快传统基于近邻方法的检索速度。其基本思想是通过一个哈希函数(Hash Function)将数据映射到一个哈希表(Hash Table),如图 6.3(a)所示。通过哈希表的索引,来使搜索时间从线性搜索的 $O(n)$ 降到 $O(1)$。这里的关键在于哈希函数的选取,对于不同的应用和数据会有不同的哈希函数。数据规模的不断增大使得提高检索系统的效率成为亟待解决的问题之一。哈希方法在提高检索速度方面取得显著效果,广泛应用于各种检索任务中。

1)局部敏感哈希

由 Piotr Indyk 提出的局部敏感哈希(Locality-Sensitive Hashing,LSH)是一种典型的哈希方法,其基本思想是:在高维数据空间中的两个相邻的数据被映射到低维数据空间中后,将会有很大的概率仍然相邻;而原本不相邻的两个数据,在低维空间中也将有很大的概率不相邻,如图 6.3(b)所示。通过这样一种映射,我们可以在低维数据空间寻找相邻的数据点,避免在高维数据空间中寻找

复杂费时。具有这样性质的哈希映射称为是局部敏感的,即当哈希函数满足,
对于任意两个点 p、$q \in R_d$ 满足:

$$if \| p - q \| \leqslant R \text{ then } Pr_{\mathcal{H}}(h(q) = h(p)) \geqslant P_1 \qquad (6.9)$$

$$if \| p - q \| \geqslant cR \text{ then } Pr_{\mathcal{H}}(h(q) = h(p)) \leqslant P_2 \qquad (6.10)$$

则称这个函数是 (R, cR, P_1, P_2)-敏感的。其中 $c > 1$, $P_1 > P_2$, $Pr_{\mathcal{H}}(\cdot)$ 表示某事件
发生的概率。通过一个或多个 (R, cR, P_1, P_2)-敏感的哈希函数对原始数据集合
进行哈希映射生成一个或多个哈希表的过程称为 LSH。

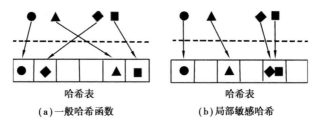

（a）一般哈希函数　　　　　　（b）局部敏感哈希

图 6.3　哈希示意图

使用 LSH 进行对数据建立索引并以索引进行近似最近邻查找的过程可分
为两个阶段。第一阶段离线建立索引,首先确定一组 (R, cR, P_1, P_2)-敏感的哈
希函数;然后根据具体问题对查找精度的要求确定哈希表的个数 N,及各表内
哈希函数的个数 H,并设置 LSH 函数自身相关的参数;最后通过 LSH 函数将数
据映射到相应的哈希表。第二阶段在线查找,首先通过 LSH 函数将查询数据映
射到相应的哈希表上的索引;然后将索引对应位置的数据取出(通常取 $2N$ 个数
据以保证查找速度);最后计算查询数据与取出的 $2N$ 个数据之间的距离,返回
距离最近的前 K 个结果。

LSH 在线查找时间由两个部分组成,一是通过 LSH 函数计算哈希表索引的
时间;二是将查询数据与哈希表内的数据进行比较计算的时间。通过对哈希表
内的数据建立索引来加快匹配速度,这时第二部分的耗时就从 $O(n)$ 变成了
$O(\log n)$ 或 $O(1)$,取决于采用的索引方法。因此,LSH 的查找时间至少是一个
亚线性时间。

LSH 提供了一种在海量的高维数据集中查找与查询数据近似最相邻的某

个或某些数据点。需要注意的是,LSH 并不能保证一定能够查找到与查询数据点最相邻的数据,而是减少需要匹配的数据点个数的同时保证查找到最近邻的数据点的概率很大。LSH 被广泛应用于相似文本、网页、图像、音乐等单一模态数据的检索任务中。

2)跨模态哈希方法

受 LSH 算法思想的启发,哈希方法在跨模态检索领域的应用也吸引了大量研究。跨模态哈希方法基于对公共空间建模,将不同模态的数据映射到公共汉明空间,得到统一形式的二值码,并保持数据在原来空间的相似性。数据以二值码存储不仅大大减少存储空间,而且节省大量计算资源。

跨模态哈希算法克服了传统哈希方法只能对单一模态数据建模的局限。典型的跨模态哈希模型有跨模态相似敏感哈希(Crossm-odal Similarity Sensitive Hashing,CMSSH)、跨视角哈希(Cross View Hashing,CVH)、最大语义关联哈希(Semantic Correlation Maximization,SCM)、集成矩阵分解哈希(Collective Matrix Factorization Hashing,CMFH)、保留语义哈希(Semantics Preserving Hashing,SePH)等。

上述方法主要采用了传统手工设计特征,相比基于深度学习的方法,在特征提取和表示方面仍有待改进。然而,基于深度学习的方法提取的特征维数过大导致其不适应大规模跨模态检索任务。因此,将深度学习和哈希方法结合的深度哈希方法在跨模态检索领域吸引了大量关注。最早的基于深度学习的哈希算法是 2009 年由 Hinton 研究组提出的语义哈希(Semantic Hashing)方法。它将哈希码学习过程分为两个阶段,预训练阶段以文档的词频向量为网络输入学习一个生成模型,得到文档的哈希码表示,微调阶段将模型展开,构建一个深度自编码器以调整参数,获得最优模型。该方法本质上仍以手工设计特征作为网络的输入,采用深度模型仅为其提供了一定的非线性表示能力。此后相继出现了 CNNH(Convolutional Neural Network Hashing)、NINH(NIN Hashing)、DSRH (Deep Semantic Ranking Hashing)、DLBHC (Deep Learning of Binary Hash

Codes）、DRSCH（Deep Regularized Similarity Comparison Hashing）等应用于单一模态的图像检索哈希模型。

基于上述工作在网络模型、目标函数设计、优化方法等方面的探索和取得的成果，Jiang 等提出的 DCMH（Deep Cross-Modal Hashing）分别采用两个深度模型将文本和图像数据变换到一个公共空间，并使相似样本在公共空间中距离相近，从而实现公共空间中的跨模态检索。进一步地，Yang 等提出了同时考虑模态间的语义关联和各模态内部的保留语义信息能力的 PRDH（Pairwise Relationship Deep Hashing）模型。分别增加了图像数据模态和文本数据模态的成对嵌入损失。通过增加模态间和各模态内部的成对约束，即同时对图像和图像、图像和文本、文本和文本施加此约束，使两种模态的样本对齐，充分发掘异构数据间的关联并获得保留模态间的语义相似性的哈希码。这两种方法利用深度神经网络分别提取图像和文本的特征，通过在网络中插入隐含层将特征表示和哈希函数的学习过程统一在同一框架中，实现端到端的学习。相比其他方法取得了有效的提升。但这两种方法存在一些共同问题：结合深度学习的跨模态哈希方法通常是有监督的。在监督信息的选取上，主要考虑异质数据的相似度信息，如模态内相似度和模态间相似度。在建立相似度矩阵时，没有考虑数据间的相似程度，而是单纯以二值的相似/不相似作为数据间的监督信息。这与实际情况不符，使得检索结果的准确性下降，并且模型缺乏可解释性和可扩展性。

6.2.3　多标签学习

传统的监督学习是机器学习领域最受关注的课题之一。它的研究对象是带有单个标签的一个实例，通常用一个特征向量表示，标签通常是表示一个语义概念的单词。尽管传统的监督学习方法在许多领域已经取得丰富的研究成果，但它的单标签假设经常不适用于现实场景中的多标签数据。例如，在图像分类任务中，一张风景图片可能包含地理位置、植物种类、天气等多种信息。在视频检索任务中,一段视频片段可能与多个场景相关,如建筑、街道等。因此,为了准确描述数据的多种语义内涵,需要对数据添加多个语义标签。于是产生了多标签学习问题。

随着多媒体数据的日益扩张,多标签学习吸引了越来越多的关注,在文本分类、图像自动标注、信息检索等领域都取得了广泛应用。然而随着标签数量的不断增长,多标签学习问题的复杂度呈指数级增长。当前的研究主要通过分析标签之间的相关性来解决这一问题。标签相关性与标签的语义概念有关,如对标记为"教室"的图片,通常认为它还有较高的可能性被标记为"黑板""学生"等。对于多标签之间的相关性学习,目前的主要研究方法可分为 3 类。

①将多标签问题转化为多个单标签问题。例如,将多标签图像分类转化为一组单标签图像分类任务,然后分析所有单标签分类问题,并根据它们的结果得到最终分类。这种方法认为标签之间是独立的,直接忽略了标签之间的相关性。这样做的优点是简单、快速。但由于忽视了标签相关性信息,可能导致结果准确率下降。

②考虑标签两两之间的相关性。这种方法将成对的标签之间的关系引入学习过程中,在一定程度上缓解了第一种方法的标签独立假设带来的信息损失,取得了较好的结果。Brinker 等引入一个人为指定的基准标签,对标签逐对进行相似或不相似的划分,通过成对比较的方法学习标签的排序并由此得到数据排序列表。Ghamrawi 等提出一种基于标签共现关系的多标签分类方法。根据一个样本与一对标签之间的关联关系定义标签之间的相关指数,并根据标签共同出现的概率预测样本的类别。Qi 等提出一种关联多标签框架 CML,同时对单个标签进行分类并对两个标签之间的关系建模,通过标签之间的关联预测视频标注概念。值得注意的是,考虑标签两两之间的相关性的方法使得计算复杂度相比第一类方法有所增加。

③第三类方法从更高的角度考察标签之间的关系。如考虑更复杂的其他所有标签与某一个标签的关系,而不仅仅是简单的标签两两之间的关系。

Cheng 等将与待预测样本相邻的样本的标签作为其特征,其中相邻样本通过最近邻算法产生。该方法充分考虑了整个训练集上标签之间的相似性。Ji 等将标签从原语义空间映射到一个公共子特征空间,对标签的结构关系建模。Keikha 等提出基于多重树增广的分类器链方法。采用多重树对标签间的条件依赖关系建模,克服了传统分类器链方法无法获得标签关联的缺点,同时使复杂度保持在可接受的范围内。

将多标签问题转化为多个单标签问题的方法具有速度快、效率高的优点,但完全忽略了标签相关性,导致不能获得最优解。考虑标签两两之间的相关性在一定程度上利用了标签语义信息,对结果有一定提升,但也导致计算复杂度明显增加。考虑多个标签之间的相互关联能够较好地反映数据的真实相关性,但其模型往往复杂度过高,不适应大规模学习问题。

跨模态检索问题同样面临真实数据存在多个标签的问题。现有的解决方法大部分均采用了第一种解决策略,即将问题转化为二值相关的单标签学习问题,导致学习到的模型不能充分保留数据在原语义空间的关联关系,影响最终检索结果。因此,在学习策略的选择上应综合考虑准确性与计算复杂度的平衡,根据实际问题选择合适的解决方法。

6.3 多层语义跨模态深度哈希算法

多层语义跨模态深度哈希算法的整体框架如图 6.4 所示。其中包含三个模块:深度特征提取模块、相似度矩阵生成模块、哈希码学习模块。该算法分别采用两个深度神经网络提取图像和文字特征,将特征学习和哈希码学习过程统一在一个框架内,并通过引入基于标签共现的多层次语义监督信息指导整个训练过程,使得到的二值码不仅保留了原样本空间基本的相似/不相似关系,并且能够区分样本间的相似程度,更大程度地保留样本间的高层语义,提高检索准确率。在结构上,通过对网络施加"在语义空间相似的图像和文字在汉明空间具有相似的哈希码"这一约束进行训练,直接将哈希码作为网络的输出,实现端到端学习,从而保证学习到的特征适应特定的检索任务。下面分别详细介绍这三个模块。

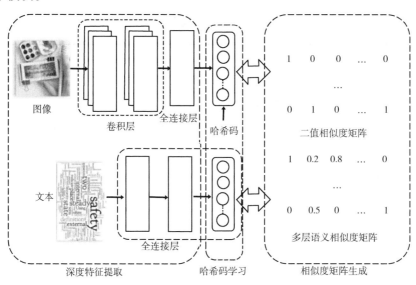

图 6.4　DMSH 框架

6.3.1　深度特征提取模块

由于深度学习在特征提取和表示方面取得的重大进展,本书采用深度神经网络提取图像和文本数据特征。该模块采用两个子网络分别提取图像和文本模态数据特征的结构,即包含两个深度神经网络,一个用于提取图像数据的特征,一个用于提取文本数据特征。

(1)图像特征提取

采用深度卷积神经网络 CNN-F 网络结构进行图像特征提取。CNN-F 的结构与 Alexnet 类似,由 5 层卷积层和 3 层全连接层构成。输入图像的像素大小为 224×224,第一层卷积采用 4 像素步长保证了快速卷积处理。CNN-F 与 Alexnet 的主要区别是减少了卷积层数,并在卷积层之间采用更密集的连接。

模型采用的 CNN-F 网络结构配置如表 6.2 所示。在原 CNN-F 结构的基础上,将网络的最后一层输出的节点个数设置为哈希码的长度,以保证通过网络直接获取数据的哈希码表示。

表 6.2 CNN-F 网络结构

层名	架构	输出大小
conv1	11×11×64, st. 4, pad0, LRN, max pooling	27×27
conv2	5×5×256, st. 1, pad2, LRN, max pooling	13×13
conv3	3×3×256, st. 1, pad1	13×13
conv4	3×3×256, st. 1, pad1	13×13
conv5	3×3×256, st. 1, pad1, ×2 max pooling	6×6
fc6	4096, Dropout	1×1
fc7	4096, Dropout	1×1
fc8	c, linear	1×1

其中,conv1 层采用 4 步长卷积,conv2-conv5 层均采用 1 步长卷积。pad 即补边(Padding),表示步长移动方式。通常指给图像边缘补边,使得卷积后输出的图像尺寸与原尺寸一致。LRN 表示局部响应归一化(Local Response Normalization)。其模仿生物神经元的侧抑制机制,对局部神经元的活动创建竞争机制,使响应较大的值更大,并抑制反馈较小的神经元,增强模型泛化能力。采用 max 操作的池化技术,取原图像某一尺寸内的最大值,从而有效减少模型参数,防止过拟合。并通过 Dropout 正则化技术,通过在训练期间随机丢弃一定数量的神经元,防止网络过拟合。

(2)文本特征提取

在文本特征提取阶段,首先以词袋(Bag-of-Words,BOW)向量对文本数据建模。词袋模型是机器学习领域处理文本数据时常用的文本数据表示方法,它将计算机不能直接计算的原始文本转换成由可计算的数字构成的向量。下面举例说明词袋向量的构建过程。假设有如下两个文档：

文档1:"小张喜欢吃苹果"

文档2:"小王喜欢吃香蕉"

首先对两个文档构造词典：

{"小张":1,"小王":1,"喜欢":2,"吃":2,"苹果":1,"香蕉":1}

则根据词典可分别建立两个文档的向量表示如下：

文档1:[1,0,1,1,1,0]

文档2:[0,1,1,1,0,1]

向量的每个位置对应词典中相应的词,数字表示该位置的词在文档中出现的次数。词袋模型忽略了文本中词的顺序、语法、词之间的依赖关系等因素,将文本看做一组独立的词的无序集合。

基于上述词袋模型,文本特征提取网络采用由三层全连接层构成的多层感知机(Multi-Layer Perception,MLP)网络提取文本特征。首先以词袋向量表示文本,然后将词袋向量作为网络的输入,具体结构见表6.3。其中,网络的第一个隐藏层是与输入词袋向量长度相同的全连接层,第二个隐藏层是4 096维全连接层,第三层是长度为哈希码长的全连接层。网络的输出即文本特征向量。

表 6.3　文字特征提取网络

层名	配置	输出大小
fc1	输入 BOW 的长度	1×1
fc2	4 096	1×1
fc3	哈希码长 c	1×1

6.3.2　相似度矩阵生成模块

相似度矩阵生成模块包含二值相似度矩阵生成和多层语义相似度矩阵生成。它们各自生成一个跨模态相似度矩阵 S。对于二值相似度矩阵,一种可取的方案为,当图像 i 与文本 j 相似时,矩阵对应的 S_{ij} 取值为 1;当图像 i 与文本 j 不相似时,矩阵对应的 S_{ij} 取值为 0。其中,不同模态数据之间的相似性通过类别标签衡量。即若图像 i 和文本 j 有共同的一组类别标签,那么认为它们是相似的;否则认为它们是不相似的。

对于单标签数据,即每个数据点只有一个类别标签时,上述相似度矩阵生成方案是可行的。此时,哈希标签是二值的,记做 $S^{(b)}$,$S^{(b)} \in \{0,1\}$,其定义如下:

$$S_{ij}^{(b)} = \begin{cases} 1, & \text{如果点 } i \text{ 和点 } j \text{ 至少共享 1 个标签} \\ 0, & \text{其他情况} \end{cases} \tag{6.11}$$

然而,在实际应用中,数据通常是多标签的,并且各标签在语义上不完全独立。例如,一个苹果图片可能同时属于"苹果""水果""植物"等多个类别,并且这三个类别标签在语义上有一定重叠。此时不能直接以是否有共同标签来定义数据的相似性。此外,二值相似度矩阵不能体现两个样本之间的相似程度。以图片为例,通常人们认为具有 3 个共同标签的两张图片要比具有 1 个共同标签的两张图片相似度更大,如图 6.5 所示。

图 6.5 多标签数据的相似度问题

采用二值相似度矩阵则完全忽略了这一信息,导致学习到的特征不能准确表示数据在原语义空间的相似关系,并最终导致检索准确率不高。为了解决采用二值相似度矩阵处理多标签数据存在的这两个问题,采用一种基于类别标签共现关系的相似度矩阵计算方法,来得到多层语义哈希标签,即相似度矩阵 $S^{(l)}$。下面介绍具体生成方法。

对于两个类别标签 t_i，t_j，定义标签相似度：

$$s(t_i, t_j) = e^{-d(t_i, t_j)} \tag{6.12}$$

其中，$d(t_i, t_j)$ 表示两个标签的语义距离，定义如下：

$$d(t_i, t_j) = \frac{\max(\log N_{t_i}, \log N_{t_j}) - \log N_{t_i, t_j}}{\log N_c - \min(\log N_{t_i}, \log N_{t_j})} \tag{6.13}$$

其中，N_{t_i}、N_{t_j} 分别表示训练集中 t_i，t_j 出现的次数；N_{t_i, t_j} 表示 t_i、t_j 共同出现的次数；N_c 表示训练集中所有标签的个数。

由式 (6.12) 可知，$s(t_i, t_j) \in [0, 1]$，表示当两个标签共同出现的次数越多时，它们的相似度越大。根据标签相似性 s，可定义样本间的相似性 $S^{(l)}$。

对于两个样本 D_m，D_n，定义样本相似度：

$$S^{(l)}(m, n) = \frac{\sum_i^{|t_m|} \sum_j^{|t_n|} s(t_m(i), t_n(j))}{|t_m| \times |t_n|} \tag{6.14}$$

其中，t_m、t_n 分别表示样本 D_m、D_n 的类别标签集；$|t_m|$、$|t_n|$ 分别表示 t_m、t_n 的个数；$S^{(l)}(m, n)$ 即哈希标签。由定义可知，当两个样本的类别标签集拥有更多相似标签时，样本的相似度越大，当两个标签集 t_m、t_n 完全相同时，$S^{(l)}(m, n)$ 达到最大值 1。当 t_m 中的标签与 t_n 中的标签全部不相似时，$S^{(l)}(m, n)$ 取最小值 0。因此，基于多标签的语义相似度矩阵 $S^{(l)}$ 可以作为哈希码学习过程的监督信息。与二值相似度矩阵 $S^{(b)}$ 相比，$S^{(l)}$ 将跨模态相似度由离散的 $\{0, 1\}$ 扩展为连续的 $[0, 1]$ 区间取值，保留了更多隐含在数据类别标签中的丰富的语义信息。

6.3.3　哈希码学习模块

以 $F^{(g)}_{*i} = f^{(g)}(g_i; \varphi_g)$ 表示学习到的样本 D_i 的图像特征，即图像特征提取网络的输出；以 $F^{(x)}_{*j} = f^{(x)}(x_j; \varphi_x)$ 表示学习到的样本 D_j 的文字特征，即文字特征提取网络的输出。φ_g，φ_x 分别表示两个深度网络的参数。

为了使学习到的哈希码保留二值相似度矩阵 $S^{(b)}$ 的语义信息，采用 sigmoid

交叉熵损失函数：

$$\min_{\varphi_g, \varphi_x} \mathcal{L}_c = -\sum_{i,j=1}^{n} S_{ij}^{(b)} \log(\sigma(\phi_{ij})) + (1 - S_{ij}^{(b)}) \log(1 - \sigma(\phi_{ij})) \quad (6.15)$$

其中，$\phi_{ij} = \frac{1}{2} F^{(g)T}_{*i} F^{(x)}_{*j}$，$\sigma(\phi_{ij}) = \frac{1}{1+e^{-\phi_{ij}}}$。为保证训练过程的稳定性及避免溢出，在实现阶段采用式(6.15)的等价形式：

$$\min_{\varphi_g, \varphi_x} \mathcal{L}_c = \sum_{i,j=1}^{n} \max(\phi_{ij}, 0) - S_{ij}^{(b)} \phi_{ij} + \log(1 + e^{-\phi_{ij}}) \quad (6.16)$$

基于上述二值语义信息损失函数 $\mathcal{L}_c$，进一步引入多层语义损失函数 $\mathcal{L}_m$，使得学习到的模型保留包含在多层语义相似度矩阵 $S^{(l)}$ 中更加丰富的语义信息。这里同样采用 sigmoid 交叉熵损失函数的等价形式：

$$\min_{\varphi_g, \varphi_x} \mathcal{L}_m = \sum_{i,j=1}^{n} \max(\phi_{ij}, 0) - S_{ij}^{(l)} \phi_{ij} + \log(1 + e^{-\phi_{ij}}) \quad (6.17)$$

因此，可以得到目标函数的完整形式：

$$\min_{\varphi_g, \varphi_x, C^{(g)}, C^{(x)}} \mathcal{L} = \mathcal{L}_c + \mu \mathcal{L}_m + \rho(\|C^{(g)} - F^{(g)}\|_F^2 + \|C^{(x)} - F^{(x)}\|_F^2) +$$
$$\tau(\|F^{(g)} E\|_F^2 + \|F^{(x)} E\|_F^2) \quad (6.18)$$
$$s.t. \ C^{(g)}, C^{(x)} \in \{-1, +1\}^{c \times n}$$

其中，$F^{(g)}$、$F^{(x)}$ 分别表示学习到的图像和文本的特征向量，它们包含了相似度矩阵 $S^{(b)}$、$S^{(l)}$ 中的语义信息；$C^{(g)}$、$C^{(x)}$ 分别表示图像和文本的哈希码，$sign(\cdot)$ 表示符号函数，定义如式(6.19)。$F^{(g)}$、$F^{(x)}$ 中的语义信息通过符号函数传递给 $C^{(g)}$、$C^{(x)}$；$\|\cdot\|_F^2$ 表示斐波那契范数，E 表示元素取值全为 1 的向量；μ, ρ, τ 为超参数。

$$C^{(g)} = sign(F^{(g)}) \quad (6.19)$$

$$C^{(x)} = sign(F^{(x)}) \quad (6.20)$$

$$sign(x) = \begin{cases} 1, x \geq 0 \\ -1, x < 0 \end{cases} \quad (6.21)$$

目标函数的前两项是跨模态相似度的负对数似然函数，通过优化该项可保

证当 S 越大时, $F^{(g)}_{*i}$ 与 $F^{(x)}_{*j}$ 的相似度越大; S 越小, $F^{(g)}_{*i}$ 与 $F^{(x)}_{*j}$ 的相似度越小。因此,优化式 6.18 中的第 1、2 项保证了网络学习到的图像和文本的特征保留了原来语义空间的跨模态相似性。

目标函数的第 3 项 $\rho(\|C^{(g)}-F^{(g)}\|_F^2+\|C^{(x)}-F^{(x)}\|_F^2)$ 为正则化项,通过优化该项得到图像和文本的哈希码 $C^{(g)}$、$C^{(x)}$,并且保留了网络提取的特征 $F^{(g)}_{*i}$ 与 $F^{(x)}_{*j}$ 的相似性。由于 $F^{(g)}_{*i}$ 与 $F^{(x)}_{*j}$ 保持了语义空间的跨模态相似性,因此得到的哈希码也保留了语义空间的跨模态相似性。

通过优化目标函数的第 4 项,使得最终得到的哈希码的每一位在整个训练集上取值为 1 和-1 的个数保持平衡,即哈希码的同一位置上取 1 和-1 的个数各占一半。这一约束可以保证哈希码的每一位包含的信息最大化。

Jiang 等通过大量实验证实,在网络的训练过程中,令来自同一数据点的图像和文本取完全相同的哈希码,能更好地提升网络的性能。因此,在原目标函数的基础上增加约束 $C^{(g)}=C^{(x)}=C$,最终的目标函数为

$$\min_{\varphi_g,\varphi_x,C} \mathcal{L} = \mathcal{L}_c + \mu \mathcal{L}_m + \rho(\|C-F^{(g)}\|_F^2 + \|C-F^{(x)}\|_F^2) +$$
$$\tau(\|F^{(g)}E\|_F^2 + \|F^{(x)}E\|_F^2) \qquad (6.22)$$
$$s.t.\ C \in \{-1,+1\}^{c\times n}$$

通过优化该目标函数,使网络同时学习特征提取的参数和哈希码表示,即将特征学习和哈希码学习过程统一在一个深度学习框架中,实现端到端学习。

6.3.4　优化方法

模型中待优化的参数有 3 个,分别为:图像特征提取网络参数 φ_g,文本特征提取网络参数 φ_x,哈希码 C。其中,图像和文本特征提取网络参数的更新过程采用了反向传播算法,并采用随机梯度下降算法学习参数 φ_g、φ_x。网络的整体训练过程采用交替优化的策略,即每次固定其中两个参数,优化第 3 个,直到所有参数更新。算法 1 给出了 DMSH 优化算法的简要流程,下面详细介绍交替更

新策略。

（1）更新 φ_g

在学习图像特征提取网络的参数 φ_g 的过程中，固定参数 φ_x 和 C，即将参数 φ_x 和 C 看做常量。对每一次迭代，从训练数据集中选取一个批大小（Mini-batch Size）的数据，输入网络进行训练。对选取的每一个样本 g_i，采用随机梯度下降优化算法。首先根据式（6.20）计算如下梯度：

$$\frac{\partial \mathscr{L}}{\partial F_{*i}^{(g)}} = \frac{1}{2} \sum_{j=1}^{n} \left(\sigma(\phi_{ij}) F_{*j}^{(x)} - S_{ij}^{(b)} F_{*j}^{(x)} \right) + \frac{\mu}{2} \sum_{j=1}^{n} \left(\sigma(\phi_{ij}) F_{*j}^{(x)} - S_{ij}^{(b)} F_{*j}^{(x)} \right) +$$
$$2\rho \left(F_{*i}^{(g)} - C_{*i} \right) + 2\tau F^{(g)} E \tag{6.23}$$

然后根据链式法则，可利用式（6.26）计算 $\dfrac{\partial \mathcal{L}}{\partial \varphi_g}$

$$\frac{\partial \mathcal{L}}{\partial \varphi_g} = \frac{\partial \mathcal{L}}{\partial F_{*i}^{(g)}} \cdot \frac{\partial F_{*i}^{(g)}}{\partial \varphi_g} \tag{6.24}$$

最后，根据计算出的 $\dfrac{\partial \mathcal{L}}{\partial \varphi_g}$，采用 BP 算法更新参数 φ_g。

（2）更新 φ_x

在学习文本特征提取网络的参数 φ_x 时，固定另外两个参数 φ_g 和 C。此时，将参数 φ_g 和 C 看做常量。与更新 φ_g 的过程类似，对每一次迭代，选取一个批大小的训练样本，依次输入网络进行训练。对每一个样本 x_j，采用随机梯度下降优化算法。首先根据式（6.20）计算梯度：

$$\frac{\partial \mathcal{L}}{\partial F_{*j}^{(x)}} = \frac{1}{2} \sum_{i=1}^{n} \left(\sigma(\phi_{ij}) F_{*i}^{(g)} - S_{ij}^{(b)} F_{*i}^{(g)} \right) + \frac{\mu}{2} \sum_{j=1}^{n} \left(\sigma(\phi_{ij}) F_{*i}^{(g)} - S_{ij}^{(b)} F_{*i}^{(g)} \right) +$$
$$2\rho \left(F_{*j}^{(x)} - C_{*j} \right) + 2\tau F^{(x)} E \tag{6.25}$$

同样根据链式法则：

$$\frac{\partial \mathcal{L}}{\partial \varphi_x} = \frac{\partial \mathcal{L}}{\partial F_{*j}^{(x)}} \cdot \frac{\partial F_{*j}^{(x)}}{\partial \varphi_x} \tag{6.26}$$

可计算梯度 $\dfrac{\partial \mathcal{L}}{\partial \varphi_x}$，并根据 BP 算法更新参数 φ_x。

（3）更新 C

在哈希码的学习过程中，需固定参数 φ_g 和 φ_x。此时式（6.20）的第 $1,2,4$ 项均视为常量，则原式等价于：

$$\max_C tr(C^T(\rho(F^{(g)} + F^{(x)}))) \qquad (6.27)$$
$$s.t. \qquad C \in \{-1, +1\}^{c \times n}$$

令 $F = \rho(F^{(g)} + F^{(x)})$，上式可进一步化简为

$$\max_C \sum_{ij} C_{ij}F_{ij} \qquad (6.28)$$
$$s.t. \qquad C \in \{-1, +1\}^{c \times n}$$

由式（6.26）可知，哈希码 C_{ij} 与 F_{ij} 同号。因此，可根据 F 计算 C：

$$C = sign(F) = sign(\rho(F^{(g)} + F^{(x)})) \qquad (6.29)$$

训练过程中，每个周期（Epoch）依次交替更新 3 个参数，直到达到指定周期数。此时认为得到的网络模型具有将原始输入数据映射到汉明空间并且保持原语义信息的特性。

算法 1　DMSH 优化算法

输入：图像数据集 G，文本数据集 X，哈希码长 c，参数 μ, ρ, τ；

输出：哈希码 C，深度特生提取网络的参数 φ_g, φ_x；

初始化参数 φ_g, φ_x，mini-batch 大小 128，$b_g = b_x = 128$；

迭代次数 $n_g = n/b_g$，$n_x = n/b_x$；

根据式（6.11）、式（6.14）计算 $S^{(b)}$、$S^{(l)}$；

重复以下步骤：

 For iter $= 1, 2, \cdots, n_g$ do：

  随机从 G 中选择 b_g 个图像创建一个 mini-batch；

  对 mini-batch 中每一个图像 g_i，通过网络前向传播计算 $F_{*i}^{(g)}$；

根据式(6.23)计算偏导$\partial \mathcal{L}/\partial F_{*i}^{(g)}$;

采用 BP 算法更新参数φ_g;

End for

For epoch $= 1, 2, \cdots, n_x$ do

随机从 X 中选择b_x个文本创建一个 mini-batch;

对 mini-batch 中每一个文本x_j,通过网络前向传播计算$F_{*j}^{(x)}$

根据式(6.25)计算偏导$\partial \mathcal{L}/\partial F_{*j}^{(x)}$;

采用 BP 算法更新参数φ_x;

End for

根据式(6.29)更新C;

直到达到指定代数

6.3.5 检索模型

在测试及应用阶段,输入任意的单一模态的图像或文本数据,都可以通过训练好的网络来生成其对应的二值码向量,即哈希码。

具体地,将数据点D_i的图像模态g_i输入网络,通过网络的前向传播可生成其哈希码表示,计算过程如下:

$$C^{(g_i)} = h^{(g)}(g_i) = sign(f^{(g)}(g_i;\varphi_g)) \qquad (6.30)$$

类似地,对数据点D_j的文本模态x_j,通过网络的前向传播可以生成其对应的哈希码:

$$C^{(x_j)} = h^{(x)}(x_j) = sign(f^{(x)}(x_j;\varphi_x)) \qquad (6.31)$$

因此,所提出的 DMSH 检索模型可以实现给定图像或文本任意一种模态的查询数据,返回不同模态数据库中与之最相似的前k个检索结果。检索过程中,首先计算查询数据(Query)的哈希码与待检索数据库中存储的哈希码之间的距离,然后返回距离最近的前k个哈希码,其所对应的k个数据即最终检索结果。检索模型如图6.6所示。

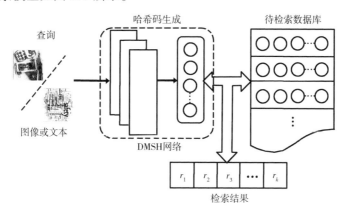

图6.6　检索模型

6.4　图像-文本跨模态检索模型对比实验

本章通过实验对所提出的 DMSH 算法及一些经典跨模态哈希方法进行对比,并验证 DMSH 算法的性能。本章还分析对比了不同码长对检索结果的影响。实验数据采用图像-文本数据集 MIRFlickr-25K,采用深度学习开源框架 TensorFlow,在 CPU-i7、内存64G、NVIDIA K80 GPU 服务器上进行训练。

6.4.1　实验数据集

MIRFlickr-25K 包含从图片分享社交网站 Flickr 上下载的 25 000 个彩色图片及相应的文字描述。这些文字描述来自用户上传图片时对其添加的单词注释(Tags),平均每个图片有 8.94 个注释。每个图片及其对应的多个文字注释组成的图像-文本对构成一个数据点。该数据集共包含 24 个人工标注的类别标签(Class Labels),见表6.4。每个数据点有一个或多个类别标签,完整的一条数据构成示例如图6.7所示。选取注释单词出现次数在整个数据集上不少于 20 的数据点作为实验数据,并据此筛选出 20 015 个数据点构成多标签图像-文本实验数据集。

表 6.4　MIRFlickr-25K 的类别标签

#	Class labels	#	Class labels
1	Sky	13	Plantlife
2	Clouds	14	Tree
3	Water	15	Flower
4	Sea	16	Animals
5	River	17	Dog
6	Lake	18	Bird
7	People	19	Structures
8	Portrait	20	Sunset
9	Male	21	Indoor
10	Female	22	Transport
11	Baby	23	Car
12	Night	24	Food

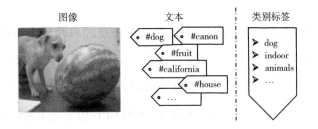

图 6.7　MIRFlickr-25K 数据点示例

　　整个实验数据集的文本共包含 1 386 个不同的注释单词,因此以 1 386 维词袋向量表示文本数据,即文本特征提取网络的输入。对图像特征提取网络,直接以图像像素值作为输入,像素大小为 224×224×3。

　　测试阶段,取 2 000 个数据点作为查询数据,其余作为待检索数据。训练阶段,取代检索数据集中的 10 000 个样本点作为训练数据。定义近邻参考值为至少有一个共同类别标签,即检索结果与查询数据有至少一个共同类别标签时,认为结果正确。

6.4.2　基准方法

为了更好地评估所提出的基于深度语义信息的跨模态哈希算法的性能,将其与多个经典的跨模态哈希方法进行对比实验。下面简要介绍实验对比的 6 种经典跨模态哈希方法。

（1）CCA

典型相关分析(Canonical Correlation Analysis,CCA)是一种多变量统计分析方法。它采用两个基向量的关联关系来反映两组变量的整体关联。CCA 的基本原理是找到一个将两组异质数据的相关关系最大化的子空间。它是跨模态检索领域广泛采用的基准方法之一,反映了两组异质数据之间的线性关系。

（2）CMFH

协同矩阵分解哈希(Collective Matrix Factorization Hashing,CMFH)是一种无监督学习方法。与传统方法通过对单模态哈希码进行拼接或组合获取跨模态哈希码的方式不同,CMFH 可以通过协同矩阵分解技术从多模态数据直接学习完整的跨模态哈希编码。

（3）STMH

语义主题多模态哈希(Semantic Topic Multimodal Hashing,STMH)采用聚类和矩阵分解技术分别对文本和图像数据提取语义主题,然后通过语义主题学习两种模态数据在一个公共子空间中的关系。最后建立原始数据向公共子空间的映射得到哈希码表示。

（4）SCM

语义关联最大化(Semantic Correlation Maximization,SCM)是由 Zhang 等提出的一种基于监督学习的多模态哈希方法。它将数据的语义标签引入哈希码学习过程,通过将两种模态数据的语义关联最大化得到哈希函数,提高了模型的可扩展性。

（5）SePH

语义保留哈希（Semantics-Preserving Hashing，SePH）分别将语义空间和汉明空间的跨模态距离转换为两个概率分布，然后通过最小化两个分布的 KL 散度（Kullback-Leibler divergence）学习哈希码映射。其中，不同模态数据在语义空间的距离通过训练数据的标签来度量，从而保证学习到的哈希码保留原来的语义相似关系。

（6）DCMH

深度跨模态哈希（Deep Cross Modal Hashing，DCMH）是一种典型的基于深度学习的跨模态哈希方法。它提出一种将特征提取和哈希码学习统一到一个深度神经网络的框架，使得哈希码学习过程可以反作用于特征提取过程，实现端到端学习。对后来的基于深度学习的跨模态哈希方法产生了重要影响。在监督信息的选取上，DCMH 采用了二值相似度矩阵，即以数据是否包含共同标签来定义其相似性。

6.4.3　评价指标

在基于哈希方法的检索任务中，常用的评价检索结果的方法有哈希查表（Hash Lookup）和汉明排序（Hamming Ranking）。哈希查表返回指定汉明半径内的检索结果，其中汉明半径可取 0 至哈希码长 c。如半径取 2，则返回查询数据与待检索数据距离小于 2 的所有结果。汉明排序对检索结果按与查询数据的汉明距离从小到大排序，返回前 k 个结果。两种测评方法分别用准确率-召回率曲线和平均精度均值两个指标度量。

6.4.4　实验结果及分析

实验中，设置参数 $\mu = 0.5$，$\rho = \tau = 1$，mini-batch 大小为 128，算法运行 1 000 个周期。采用在 ImageNet 数据集上预训练的 CNN-F 网络作为初始图像特征提取网络,并在训练过程中进行微调。算法实现基于开源的深度学习框架 TensorFlow。所有实验均在 CPU-i7、64G RAM、NVIDIA K80 GPU 服务器上进行。

表 6.5 总结了 DMSH 与 6 种基准方法在数据集 MIRFlickr-25K 下的 mAP 结果,其中最佳均值平均准确率用加粗字体显示。可以看到,所提出的 DMSH 算法性能优于其他 6 种基准方法。

表 6.5 不同方法检索结果 mAP 对比

方法	检索任务					
	文本检索图片			图片检索文本		
	$c=16$	$c=32$	$c=64$	$c=16$	$c=32$	$c=64$
CCA	0.563	0.563	0.563	0.562	0.562	0.562
CMFH	0.578	0.579	0.583	0.576	0.580	0.581
STMH	0.614	0.620	0.622	0.624	0.629	0.631
SCM	0.607	0.609	0.611	0.628	0.629	0.631
SePH	0.713	0.726	0.731	0.709	0.711	0.717
DCMH	0.755	0.757	0.770	0.715	0.720	0.730
DMSH	**0.755**	**0.763**	**0.775**	**0.726**	**0.737**	**0.750**

具体地,基于深度学习的 DCMH 和 DMSH 算法性能整体优于基于传统手工设计特征的 CCA、CMFH、STMH、SCM 和 SePH。这一结果体现了深度神经网络在特征提取和表示方面的优越性能。同时,所提出的基于多层语义信息的跨模态深度哈希算法相比基于简单的二值相似度的 DCMH 算法取得了更好的检索性能。究其原因是二值相似度矩阵不能充分表示样本之间的相似性。根据样本间是否有共同标签来认定两个样本是否相似,从而得到相似度矩阵有两个缺点:一是没有考虑共同标签之间可能存在的语义重叠,导致冗余信息产生噪声;二是采用 0/1 数值表示样本间的相似度,忽略了其丰富的语义信息,没有对不同的相似程度加以区分。二者共同导致了检索准确率不高,无法取得令人满意

的检索结果。而所提出的 DMSH 算法在构造相似度矩阵时,充分考虑了以单词作为类别标签的多标签数据的特殊性,即类别标签之间存在语义重叠,导致各类别之间不是完全互斥的,并且多标签数据样本之间的相似度是多层次的,而不仅仅是二值的 0/1 关系。因此,在构造相似度矩阵时将这些因素考虑进来,设计了基于标签共现关系的多层语义相似度矩阵,在一定程度上克服了上述二值相似度矩阵的缺点。实验结果表明训练过程中,在多层次语义相似度约束下模型取得了更好的检索准确率。

此外,实验验证了码长 c 分别取 16、32、64 时对结果的影响。从表 6.5 的结果可知,随着码长的加大,所有对比的方法都获得了更好的性能。这是因为码长越长,哈希码所保留的语义信息越多,从而使检索结果精度越高。但是,码长并非越大越好,过大的码长会导致过拟合等问题,反而使最终结果下降。

为了更加直观地展示不同方法的性能,下面进一步给出所有方法在码长 $c=64$ 时的准确率-召回率曲线图,以度量不同汉明半径下返回结果的准确率,结果如图 6.8、图 6.9 所示。

图中横坐标表示召回率,纵坐标表示准确率。左图为文本检索图像任务的 PR 曲线对比图,右图为图像检索文本任务的 PR 曲线对比图。其中带实心圆点的曲线表示 DMSH,带" * "形状节点的曲线表示 DCMH,带实心矩形节点的曲线表示 SePH,带实心三角形节点的曲线表示 SCM,带空心三角形节点的曲线表示 STMH,带空心菱形节点的曲线表示 CMFH,带"×"形节点的曲线表示 CCA。

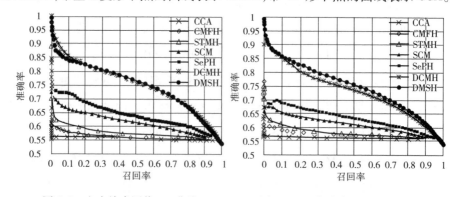

图 6.8　文本检索图像 PR 曲线　　　　图 6.9　图像检索文本 PR 曲线

　　根据对 PR 曲线的介绍可知,PR 曲线下覆盖的面积可以作为综合衡量准确率与召回率的折中方案。即面积越大,性能越好;面积越小,性能越差。观察各方法的 PR 曲线对比图,可以发现基于深度学习的哈希方法的性能明显好于基于传统手工设计特征的方法。对于两个基于深度学习的方法,所提出的 DMSH 在图像检索文本任务中取得明显优势,而在文本检索图像任务中,DMSH 与 DCMH 达到几乎相同的检索性能。值得注意的是,在文本检索图像任务中,当准确率接近于 1 时,DCMH 的性能表现略优于 DMSH。但由于此时召回率趋近于 0,即系统返回的检索结果中相关样本数量极少,在实际应用中并不具有参考价值。因此综合来看,DMSH 性能整体优于 DCMH。

　　综上所述,所提出的 DMSH 算法在 mAP 和 PR 曲线两个常用的检索系统评测指标上均优于目前的经典跨模态哈希方法。下面给出部分码长 64 位的检索示例。

　　①图像检索文本 Top-5 结果:

查询图像	Top-5 文本检索结果
图像 1	{"uk","berlin","explore","awr"} {"shieldofexcellence","cameraphone"} {"2007"} {"novideo"} {"sepia"}
图像 2	{"boy","noireblanc","365days","zuiko","me"} {"beach","toronto"} {"skyscrapers","pregnant","newyorkcity","350d"} {"300d"} {"artlibre"}

续表

查询图像	Top-5 文本检索结果
图像3	{"sheep"} {"ball","18200mmf3556gvr"} {"strawberry","dj","pink"} {"120","girl"} {"bw","landscape","warszawa","photo","white"}
图像4	{"birmingham","lower","macro","italy"} {"birmingham","china","abigfave","california","flickr","toy"} {"birmingham","vancouver"} {"kyoto","game","nature","sardegna"} {"stripes","people","girls","nikon",beautiful","impressedbeauty","white"}
图像5	{"shieldofexcellence","cameraphone"} {"isawyoufirst","barcelona","michigan","mujer","2007","shoes"} {"lomo"} {"longexposure","bird","singapore","alpha"} {"felt","bag","pregnant","retrato","usa"}

②文本检索图像 Top-5 结果：

查询文本1:{"hdr"}

返回图像 top-5：

查询文本 2：{ "2007" }

返回图像 top-5：

查询文本 3：{ " outstandingshots " , " blumen " , " michigan " , " southafrica " , " toys " , " park " }

返回图像 top-5：

查询文本 4：{ "enblend" , "explore" , "wideangle" , "nikon" }

返回图像 top-5：

查询文本 5：{ "decoration" }

返回图像 top-5：

6.5　本章小结

　　本章阐述了基于多层语义的深度跨模态哈希算法的实现过程。在数据集 MIRFlicrk-25K 上的实验结果表明,本章提出的 DMSH 算法优于所对比的方法。通过对码长分别为 16 位、32 位、64 位时结果的比较发现,码长设置为 64 位时检索效果最好。最后展示了部分码长 64 位时的测试检索结果。

第7章 基于多模态数据的餐馆
推荐系统的实现

本章介绍了以基于传统机器学习的多源异构数据推荐模型(见第4章)作为推荐引擎的餐馆推荐网站的设计和实现。

7.1 软件简介

目前主流的个性化推荐模型广泛使用了用户的评价信息,评价信息包含了用户的评分和评论。但是结合社交网络和用户评价的模型较少,所以为了提高个性化推荐结果的准确度,充分利用用户的多元信息,本软件使用 B/S 架构实现了基于传统机器学习的多源异构数据推荐模型的网站,采用了 Yelp 公开数据集来模拟用户和餐馆信息。为用户提供点评网站的基本功能和可视化的推荐结果。

本网站结合用户的社交网络和评价信息,利用自然语言处理技术、机器学习算法和社区发现算法,给用户推荐个性化的餐馆。推荐模型基于 Spark 实现,使用集群计算提取用户评论的话题,训练回归模型预测用户对新餐馆的评分。基于此推荐模型实现了个性化餐馆推荐网站。

7.2 软件设计

本节从软件架构和功能模块两个方面来展示本软件的设计。软件架构包含了软件系统的模块划分,功能模块从用户所使用的功能对软件进行功能划分。

(1)软件架构

本餐馆推荐系统使用 B/S 架构(图 7.1),可以支持用户使用不同的终端访问,能够跨平台使用,具有较强的扩展性和可维护性。软件从架构上分为访问层、前端 UI、展示层、业务层、数据层、数据库和基础设施。访问层包含用户访问网站使用的不同设备。前端 UI 和展示层包含用户可见的前端界面和不可见的前端交互逻辑。业务层根据用户发出的不同请求,执行相关的代码逻辑,为前端界面提供业务支持,必要时调用数据层接口以完成用户指令。数据层封装数据库的各类

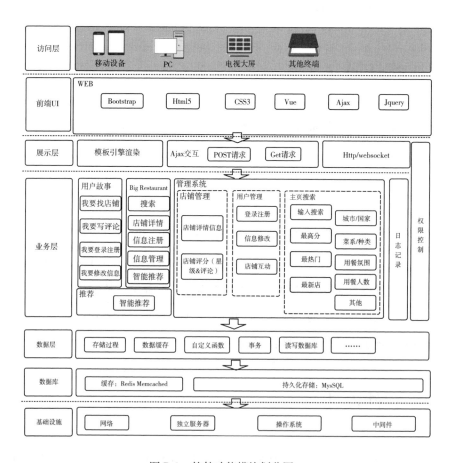

图 7.1　软件功能模块划分图

操作,使得数据访问形成更加易于使用的接口,防止直接操作数据库造成的风险。网站使用的是 MySQL 数据库,存储了用户和商家的信息,以及推荐模型的结果等。最底层为网站必要的基础设施,包括网络、服务器、操作系统和中间件。

（2）功能模块

软件的功能模块被划分为登录、个人信息、搜索、推荐和餐馆模块,每个模块下列出了该模块的功能点。登录模块包括第一次登录时的注册功能和已有账号的登录功能,不想注册的用户可以直接使用手机号码登录。个人信息模块包含用户的基本信息修改、头像上传修改和密码修改功能。搜索模块包含用户搜索商家的相关功能,主要有按商家名称搜索和按照条件过滤搜索。推荐模块包含热门推荐、评分推荐和智能推荐。热门推荐指的是用户访问最多的商家,评分推荐挑选了评分最高的商家,智能推荐则根据当前用户的偏好计算得到。餐馆模块包含了和餐馆相关的功能,包括餐馆评论、餐馆收藏和餐馆的基本信息。

7.3　软件实现

本小节根据功能模块的划分来介绍网站的实现。包括用户登录和个人信息模块实现(图 7.2),以及搜索推荐和餐馆模块实现。网站实现部分主要通过类图的形式介绍软件实现的类之间的依赖关系,以及类和功能之间的联系。

前端使用了 jsp、javacript 和 css。后台代码根据 MVC 架构分成了 model、view 和 controller 三个包,除此之外还有 dao、daoImp、service 和 util 包。软件后端采用 java 语言编写,后端代码可以在装有 JDK 的平台上完成编译。然后使用 eclipse 等开发工具将前后端代码导出为 war。将 war 包放置在 Tomcat 的 webapp 文件夹下,启动 Tomcat 即可运行网站。推荐模块算法使用 ScalaAPI 的 Spark 编写,并基于 IDEA 开发。使用 IDEA 的 Build 功能即可将工程打包成为 Jar,然后执行集运提交命令即可计算推荐结果。本软件的网站部分使用 Java 语言编写,集成了 Spring 框架,采用 MVC 架构实现。

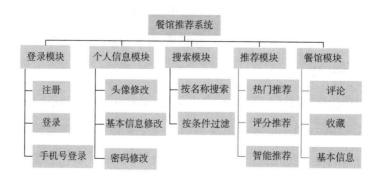

图 7.2　用户登录和个人信息模块类图

(1)用户登录和个人信息模块实现

本节主要使用类图的形式,介绍网站实现中类之间的依赖和组合等关系,以及接口和类之间的实现关系。用户登录和个人信息模块依赖较为紧密,所以将这两个功能模块在一个类图中描述,如图 7.3 所示。搜索、推荐和餐馆模块的相互依赖关系比较多,将其展现在另一个类图中,如图 7.4 所示。

LoginController 和 AccountController 分别为用户登录和用户信息模块的页面控制类。LoginController 主要包含用户登录和注册的相关逻辑,同时控制页面的跳转。AccountController 用来处理用户的基本信息相关请求,比如用户信息的查看和修改等。这两个控制器都依赖于 AccountService 提供的服务,AccountService 提供的服务包括密码的正确性检查、获得用户的相关信息等。控制器利用服务层提供的服务进行简单的逻辑处理,就能为用户提供需要的信息。而 AccountService 又依赖于用户和商家的数据操作接口 UserDao 和 BusinessDao。数据操作接口包含了最底层的基础数据操作,如增、删、查、改等。还提供了多种查询方式,比如按 ID、姓名等查询。而用户数据操作接口的实现 UserDaoImpl 依赖于用户类 User 和数据库操作类 DBUtil。UserDaoImpl 中将相关接口的方法进行一一实现。User 类包含用户的属性信息,和数据库中用户的字段相对应。DBUtil 类存储数据库连接所需的基本信息并控制数据库连接和关闭。

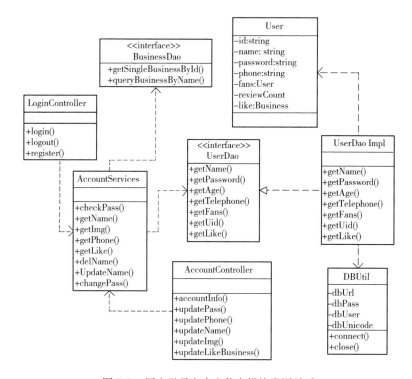

图 7.3　用户登录和个人信息模块类图关系

（2）搜索推荐和餐馆模块实现

用户登录以后,就能在主页看见搜索和推荐功能,它们共同组成了主页面。所以 MainPageController 由 SearchController 和 RecommenderController 组成。若用户对某餐馆感兴趣或者直接搜索到了某餐馆,那么就进入餐馆信息和评论页面,由 ReviewController 控制。其中 SearchController 依赖于 BusinessDao,Recommender Controller 依赖于 UserDao 和 BusinessDao,ReviewController 依赖于 UserDao 和 ReviewDao。搜索功能只需要将餐馆信息进行匹配即可,所以只需要餐馆操作类。而推荐功能是结合用户和商家进行的推荐,所以需要同时用到用户数据操作接口和商家数据操作接口。评论功能包含展示商家的所有评论以及用户历史的评论等,所以需要使用用户和评论数据操作接口。数据接口的实现分别需要依赖对应的元数据类和数据库工具类。

本网站的推荐算法主要基于 Spark 的 ScalaAPI 实现,代码分为 algorithm、

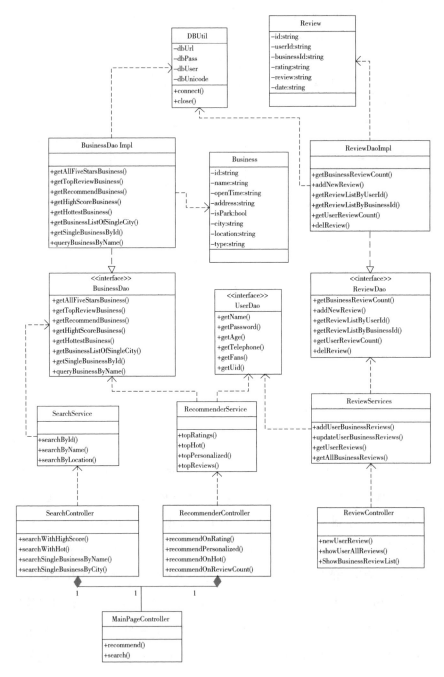

图 7.4 搜索推荐和餐馆类图关系

datafilter 和 socialtext 三个包。其中 algorithm 包含自然语言处理、回归算法和社区发现算法；datafilter 主要包含提取用户评分评论以及社交网络的代码；socialtext 实现了基于用户评分评论以及社交网络的推荐模型。首先，模型将用户评论进行分词、提取和词频计算，然后使用话题模型进行话题提取用来表示评论特征。同时采用社区发现算法为用户划分社区，然后将每个社区的评论特征作为样本进行社区回归模型训练。最后使用用户和商家的混合特征输入回归模型来预测用户对商家的评分。由此可以得到推荐结果并展示在餐馆推荐网站上。

7.4　软件展示

本节对网站的运行情况进行展示。主要包含用户的登录界面、主界面、推荐界面和评论界面。

（1）用户登录和评论

如图 7.5 所示，用户输入手机号、用户名和密码即可注册用户账号，注册完成后通过账号密码登录餐馆推荐系统。勾选"Remember me"可记住登录状态，下次登录时无须输入用户名密码。登录以后即可根据餐馆的分类查看餐馆的列表，如图 7.6 所示。

点击"Description"即可查看餐馆信息；点击"Reviews"即可对餐馆进行评分和评论，如图 7.7 所示。

（2）用户餐馆推荐

首页有一栏"热评好店"选取的是用户评论较多且评分较高的餐馆（图7.8）。此栏目将所有的用户评论和评分做统计进行推荐，为所有用户推荐相同的结果，为非个性化推荐。在登录用户为新用户或者该用户评分评论极少的情况下，那么推荐系统只能使用此默认推荐。

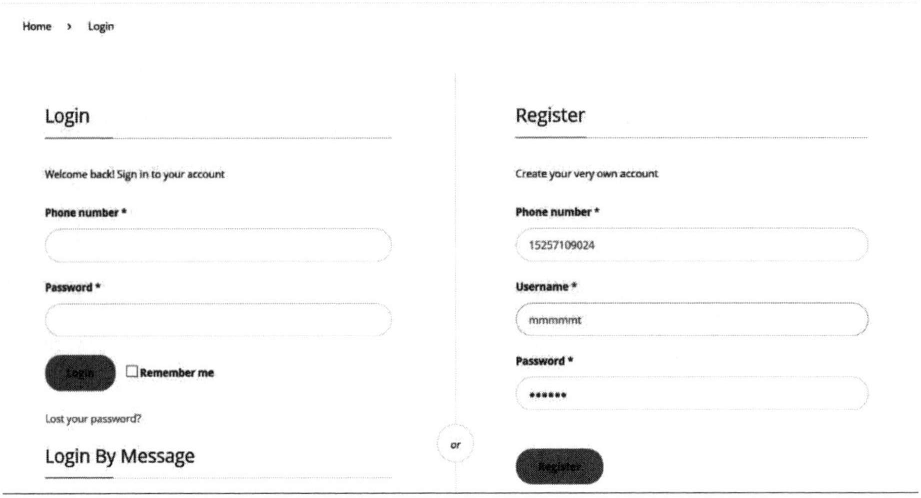

图 7.5　登录和注册页面

图 7.6　餐馆主页面

　　若用户为老用户且评分评论较多,首页"猜你喜欢"栏目使用结合用户评价和社交网络的推荐模型为用户推荐餐馆(图 7.9)。此推荐结果为集群离线计算得到,存储在数据库中,所有评分评论数大于 10 的用户都会收到此个性化推荐结果。

图 7.7　评分评论页面

图 7.8　热评好店

图 7.9　推荐页面

7.5 本章小结

本章将前文提出的基于传统机器学习的多源异构数据推荐模型作为推荐引擎,实现了一个包含登录、评论、推荐等功能的餐馆推荐网站。该网站根据用户场景的不同,采取不同的推荐策略,满足了用户个性化的需求。

第8章　总结与展望

推荐与检索技术是解决信息过载问题的两大方法。近年来,作者团队面向多源异构数据的推荐与检索开展了融合多源异构数据的融合、多源异构数据应用的研究工作,本书就是对这些工作的整理介绍。

8.1　总　结

随着互联网的不断发展,社交关系在网络应用中越来越常见。用户的好友关系形成了巨大的社交网络,如何挖掘社交数据中有价值的信息成为研究热点。网络中大量的信息既为人们带来了机遇,又为人们带来了挑战。虽然用户可以从互联网中获取自己感兴趣的内容,但网络中的信息繁杂无序,用户很难在短时间内获得自己所需的内容,导致信息的利用率很低。为了使用户从海量数据中高效快速地获取有价值的内容,推荐系统应运而生。然而,现存推荐系统大多是基于评分数据或评论数据为用户提供推荐,并没有充分利用到网络中收集的多源异构信息,推荐质量不高。同时现有的混合推荐算法只是在推荐策略上的融合,依赖人工对策略的设计和选择。当数据源改变时融合策略也需要改变,当添加新的数据源到混合推荐系统中时,往往需要重新设计推荐框架,重新训练模型的参数,混合算法的可扩展性差。当前推荐系统存在着推荐精确度不高、可解释性差、可扩展性差、数据稀疏和冷启动的问题。

第三方著名调查机构尼尔森证明了用户好友的推荐有利于增加用户对推

荐结果的信任度。在现实社会中,人们通常会受其朋友偏好的影响进而选择好友购买过的物品,因此,基于社交关系的推荐可以更真实地反映社会的现实情况。此类推荐的优点之一是好友推荐可以增加用户对结果的信任,大多数情况下,用户不是非常相信计算机智能的推荐结果而更愿意相信其好友的推荐。用户对好友往往是更信任的,通过好友关系推荐物品能够使推荐结果具有良好的可解释性。社会化推荐的优点之二是可以解决用户冷启动问题。当新用户进入系统后,尽管新用户没有用户行为记录,但依旧可以通过用户好友的历史行为信息为其提供高质量的推荐结果,用户冷启动问题在某种程度上得以解决。并且,用户的决策不仅受其直接好友偏好的影响,还受其间接好友偏好的影响,间接好友对用户决策的影响小于直接好友的影响。本书阐述了作者团队所提出三个融合多源异构数据的推荐模型,融合评分、评论、用户社交关系数据进行推荐,实验证明融合多源异构数据的推荐可以提高推荐精度。

基于传统机器学习的多源异构数据推荐模型通过 Word2Vector 模型将文本转换为特征向量的形式表示,使用 CoDA 重叠聚类算法得到了用户的社区,最后使用线性回归训练得到回归模型预测用户对商家的评分。此模型中,社交信息被用来为用户划分社区,使用社交网络中边的统计信息。通过社区划分,提升回归模型的预测准确度。由此可见,用户的购买评分行为和社交关系之间有显著的联系,好友之间的偏好具有聚集性和相似性。

基于社区发现的多源异构数据融合推荐模型采用基于 BPR 的基于对的学习模型,通过神经网络为评分和文本数据进行表示学习,得到用户的评分和文本混合特征,最后使用社交信息对学习样本进行优化,达到提高推荐准确度的目的。该模型将社交信息作为学习样本的补充信息,使得负样本的选择更加合理,本质上是依据好友偏好的相似性提高推荐的准确度。

基于社交关系的融合多源异构数据的推荐模型和可扩展的融合推荐模型,将评分、评论、社交网络等异构数据放在统一的表示学习框架中进行训练,进而得到 top-N 的推荐列表。融合多源异构数据的推荐模型用两层全连接神经网络处理数字评分信息,用基于段向量的分布式词袋模型处理评论文本信息,同时考虑了用户的直接好友和间接好友偏好对用户选择的影响,通过用户好友信任度模型将社交关系引入推荐系统中,改进了 Pairwise 排序学习算法-贝叶斯个性化排序算法并将其用于优化排序结果。可扩展的融合推荐模型在引入新的信息源时,无须重新设计整体推荐框架和重新训练已有的模型参数。

上述 3 个模型的对比实验证明将社交信息有效地融入推荐模型能够提高推荐的准确度,因为社交关系不但反映了用户之间的连接,还表示了用户和物品之间的潜在关联性。

8.2　展　望

本书提出的 3 种融合推荐模型融合了 3 种多源异构数据:数字评分、文本评论、社交网络,未来还可以在如下方面展开研究:

其一,将更多种类的多源异构数据融入推荐系统中。随着信息社会的持续发展,无论是数据的规模还是数据的种类都在不断增加,从网络中不仅能够收集数字、文本、社交关系数据,还可以收集图片、音频、视频等数据。图片能够反映物品的具体内容,音频对音乐类电台类网站至关重要,视频能够全方位地展示物品信息,合理使用这些数据可以更精准地刻画出用户偏好,从而为用户提供更高质量的推荐内容。

其二,提升推荐精确度的同时,还要提升推荐系统的推荐效率。移动互联网的发展为推荐系统带来了海量的用户和物品数据,融合了社交关系的推荐尽管可以提高推荐的准确度,但却增大了计算的复杂度。当用户之间的关系复杂时,社交关系的计算将会消耗很多资源。如何在大数据面前实现模型的快速训练与推荐结果的快速呈现,也是未来的研究重点。

其三,关注用户隐私问题。随着大数据时代的到来,从网络中能够收集到的信息越来越多。对推荐系统而言,数据稀疏问题可以通过增加系统中的数据来解决,因此数据越多越好。但对用户而言,数据中包含了用户的个人信息,用户希望保护自己的隐私不被泄露。如何平衡好数据稀疏与用户隐私之间的关系是有待探讨的问题。

本书所提出的跨模态检索模型关注图像-文本的检索,未来工作在不断提高检索精度和检索效率的同时,需要实现更多模态信息之间的互相检索,如视频-文本、音频-文本、音频-视频、音频-图像等,以充分挖掘多源异构数据的丰富商业价值。

参考文献

［1］ADOMAVICIUS G，TUZHILIN A. Toward the next generation of recommender systems：a survey of the state-of-the-art and possible extensions［J］. IEEE transactions on knowledge and data engineering，2005，17(6)：734-749.

［2］冀振燕,吴梦丹,杨春,等. 可扩展的融合多源异构数据的推荐模型［J］. 北京邮电大学学报. 2021,44(3):107-112.

［3］JI Z Y，Yang C，WANG H，et al. BRScS：a hybrid recommendation model fusing multi-source heterogeneous data［J］. EURASIP Journal Wireless Communications and Networking 2020：124（2020）. DOI:10. 1186/S13638-020-01716-2.

［4］冀振燕,宋晓军,皮怀雨,杨春. 基于深度学习的融合多源异构数据的推荐模型. 北京邮电大学学报. 2019,42(6):35-42.

［5］PI H Y,JI Z Y,YANG C. A survey of recommender system from data sources perspective［C］// MEICI 2018. Advances in Intelligent Systems Research. Paris:Atlantis Press，2018:5-9. DOI:10. 2991/meici-18. 2018. 2.

［6］JI Z Y，YAO W N，WEI W，et al. Deep multi-level semantic hashing for cross-modal retrieval［J］. IEEE Access. 2019，7(1)：40416-40427.

［7］JI Z Y，PI H Y，WEI W，et al. Recommendation based on review texts and social communities：a hybrid model［J］. IEEE Access. 2019，7（1）：23667-23674.

［8］冀振燕,皮怀雨,姚伟娜. 融合多源异构数据的混合推荐模型［J］. 北京邮

电大学学报. 2019,42(1):135-141.

[9] 冀振燕,姚伟娜,皮怀雨. 个性化图像检索和推荐[J]. 北京邮电大学学报, 2017,40(3):19-30.

[10] JI Z Y, YAO W N, PI H Y, et al. A survey of personalised image retrieval and recommendation[C] // DU D, LI L, ZHU E, et al. Theoretical Computer Science:768. Singapore:Springer, 2017: 233-247.

[11] JI Z Y, ZHANG Z, ZHOU C C, et al. A fast interactive item-based collaborative filtering algorithm[C] // DU D, LI L, ZHU E, et al. Theoretical Computer Science:768. Singapore:Springer, 2017: 248-257.

[12] RESNICK P, IACOVOU N, SUCHAK M, et al. GroupLens: An open architecture for collaborative filtering of netnews[C] // Proceedings of the ACM Conference on Computer Supported Cooperative Work. Chapel Hill: Association for Computing Machinery, 1994: 175-186.

[13] XU Y, ZUO X. A LDA model based text-mining method to recommend reviewer for proposal of research project selection [C] // International Conference on Service Systems and Service Management. IEEE, 2016:1-5.

[14] MCAULEY J J, LESKOVEC J. Hidden factors and hidden topics: understanding rating dimensions with review text[C] // Proceedings of the 7th ACM Conference on Recommender System. New York:ACM, 2013: 165-172.

[15] TAKUMA K, YAMAMOTO J, KAMEI S, et al. A hotel recommendation system based on reviews: what do you attach importance to? [C] // International Symposium on Computing & NETWORKING. IEEE, 2016: 710-712.

[16] ZHANG Y F, LAI G K, ZHANG M, et al. Explicit factor models for explainable recommendation based on phrase-level sentiment analysis[C] // Proceedings of the 37th International ACM SIGIR Conference on Research and

Development in Information Retrieval. New York：ACM，2014：83-92.

［17］XU Y Q, LAM W, LIN T Y. Collaborative filtering incorporating review text and co-clusters of hidden user communities and item groups［C］//Proceedings of the 23rd ACM International Conference on Conference on Information and Knowledge Management. New York：ACM，2014：251-260.

［18］DOMINGUES M A, SUNDERMANN C V, MANZATO M G, et al. Exploiting text mining techniques for contextual recommendations［C］// IEEE/WIC/ACM International Joint Conferences on Web Intelligence. IEEE，2014：210-217.

［19］JAMALI M, ESTER M. TrustWalker：a random walk model for combining trust-based and item-based recommendation［C］// Proceedings of the 15th ACM SIGKDD International Conference on Knowledge Discovery and Data Mining. ACM，2009：397-406.

［20］GOLBECK J A. Computing and applying trust in web-based social networks ［M］. University of Maryland, College Park，2005.

［21］WALTER F E, BATTISTON S, SCHWEITZER F. A model of a trust-based recommendation system on a social network［J］. Autonomous Agents and Multi-Agent Systems，2008，16(1)：57-74.

［22］JAMALI M, ESTER M. A matrix factorization technique with trust propagation for recommendation in social networks［C］// Proceedings of the fourth ACM conference on Recommender systems. ACM，2010：135-142.

［23］MA H, YANG H, LYU M R, et al. Sorec：social recommendation using probabilistic matrix factorization ［C］// Proceedings of the 17th ACM conference on Information and knowledge management. ACM，2008：931-940.

［24］GUO G, ZHANG J, YORKE-SMITH N. Trustsvd：Collaborative filtering with both the explicit and implicit influence of user trust and of item ratings［C］//

Proceedings of the AAAI conference on artificial intelligence. 2015, 29(1): 123-129.

[25] DZIUGAITE G K, ROY D M. Neural network matrix factorization[C] // International Conference on Learning Representation, 2015. DOI: 1048550/ arXiv. 1511.06443.

[26] KOREN Y. Factorization meets the neighborhood: a multifaceted collaborative filtering model[C] // ACM SIGKDD International Conference on Knowledge Discovery and Data Mining. ACM, 2008:426-434.

[27] LI S, KAWALE J, FU Y. Deep collaborative filtering via marginalized denoising auto-encoder[C] // Proceedings of the 24th ACM international on conference on information and knowledge management. 2015: 811-820.

[28] ZHENG Y, TANG B, DING W, et al. A neural autoregressive approach to collaborative filtering[C] // International Conference on Machine Learning. PMLR, 2016: 764-773.

[29] SHEN X, YI B, ZHANG Z, et al. Automatic recommendation technology for learning resources with convolutional neural network [C] // International Symposium on Educational Technology. IEEE, 2016:30-34.

[30] MA H, CHE D, et al. An integrative social network and review content based recommender system[J]. Journal of Industrial and Intelligent Information, 2016, 4(1): 69-75.

[31] WANG K, WANG W, HE R, et al. Multi-modal subspace learning with joint graph regularization for cross-modal retrieval [C] // Pattern Recognition (ACPR), 2013 2nd IAPR Asian Conference on. IEEE, 2013: 236-240.

[32] RASIWASIA N, PEREIRA J C, COVIELLO E, et al. A new approach to cross-modal multimedia retrieval [C] // Proceedings of the 18th ACM international conference on Multimedia. ACM, 2010: 251-260.

［33］ XIE L, PAN P, LU Y. A semantic model for cross-modal and multi-modal retrieval ［C］// Proceedings of the 3rd ACM conference on International conference on multimedia retrieval. ACM, 2013：175-182.

［34］ COSTA P J, COVIELLO E, DOYLE G, et al. On the role of correlation and abstraction in cross-modal multimedia retrieval ［J］. IEEE Trans Pattern Anal Mach Intell, 2014, 36（3）：521-35.

［35］ KANG C, XIANG S, LIAO S, et al. Learning consistent feature representation for cross-modal multimedia retrieval ［J］. IEEE Transactions on Multimedia, 2015, 17（3）：370-381.

［36］ Feng F, Wang X, Li R. Cross-modal retrieval with correspondence autoencoder［C］// Proceedings of the 22nd ACM international conference on Multimedia. ACM, 2014：7-16.

［37］ FENG F, LI R, WANG X. Deep correspondence restricted Boltzmann machine for cross-modal retrieval ［J］. Neurocomputing, 2015, 154：50-60.

［38］ WEI Y, ZHAO Y, LU C, et al. Cross-modal retrieval with CNN visual features：A new baseline ［J］. IEEE Transactions on Cybernetics, 2016, 47（2）：449-460.

［39］ HE Y, XIANG S, KANG C, et al. Cross-modal retrieval via deep and bidirectional representation learning ［J］. IEEE Transactions on Multimedia, 2016, 18（7）：1363-1377.

［40］ 邓爱林, 朱扬勇, 施伯乐. 基于项目评分预测的协同过滤推荐算法［J］. 软件学报, 2003, 14（9）：1621-1628.

［41］ 黄创光, 印鉴, 汪静, 等. 不确定近邻的协同过滤推荐算法［J］. 计算机学报, 2010, 33（8）：1369-1377.

［42］ JANNACH D, LERCHE L, GEDIKLI F, et al. What recommenders recommend-an analysis of accuracy, popularity, and sales diversity effects［C］

// International conference on user modeling, adaptation, and personalization. Berlin: Springer, 2013: 25-37.

[43] 刘凯, 张立民, 张超. 受限玻尔兹曼机的新混合稀疏惩罚机制[J]. 浙江大学学报（工学版）, 2015, 49(6): 1070-1078.

[44] 黄立威, 江碧涛, 吕守业, 等. 基于深度学习的推荐系统研究综述[J]. 计算机学报, 2018, 41 (7):191-219.

[45] ELKAHKY A M, SONG Y, HE X. A multi-view deep learning approach for cross domain user modeling in recommendation systems[C] // Proceedings of the 24th International Conference on World Wide Web. 2015: 278-288.

[46] HUANG P S, HE X, GAO J, et al. Learning deep structured semantic models for web search using clickthrough data[C] // Proceedings of the 22nd ACM international conference on Information & Knowledge Management. ACM, 2013: 2333-2338.

[47] ZHENG L, NOROOZI V, YU P S. Joint deep modeling of users and items using reviews for recommendation [C] // Proceedings of the Tenth ACM International Conference on Web Search and Data Mining. ACM, 2017: 425-434.

[48] SHAN Y, HOENS T R, JIAO J, et al. Deep crossing: Web-scale modeling without manually crafted combinatorial features[C] // Proceedings of the 22nd ACM SIGKDD International Conference on Knowledge Discovery and Data Mining. ACM, 2016: 255-262.

[49] SALAKHUTDINOV R, MNIHA, Hinton G. Restricted Boltzmann machines for collaborative filtering [C] // Proceedings of the 24th international conference on Machine learning. ACM, 2007: 791-798.

[50] SEDHAIN S, MENON A K, SANNER S, et al. Autorec: Autoencoders meet collaborative filtering[C] // Proceedings of the 24th international conference

on World Wide Web. ACM, 2015: 111-112.

[51] WU Y, DUBOIS C, ZHENG A X, et al. Collaborative denoising auto-encoders for top-n recommender systems[C] // Proceedings of the Ninth ACM International Conference on Web Search and Data Mining. ACM, 2016: 153-162.

[52] HIDASI B, KARATZOGLOU A, BALTRUNAS L, et al. Session-based recommendations with recurrent neural networks[J]. CoRR abs, 2015. DOI: 10.48550/ arXiv.1511.06939.

[53] ZHANG F, YUAN N J, LIAN D, et al. Collaborative knowledge base embedding for recommender systems [C] // Proceedings of the 22nd ACM SIGKDD international conference on knowledge discovery and data mining. ACM, 2016: 353-362.

[54] LIN Y, LIU Z, SUN M, et al. Learning entity and relation embeddings for knowledge graph completion [C] // Proceedings of the Twenty-ninth AAAI conference on artificial intelligence. ACM, 2015:2181-2187.

[55] WILLIAMS R J. Simple statistical gradient-following algorithms for connectionist reinforcement learning[J]. Machine Learning, 1992, 8(3-4): 229-256.

[56] HSIEH C K, YANG L, CUI Y, et al. Collaborative metric learning[C] // Proceedings of the 26th international conference on world wide web. ACM, 2017: 193-201.

[57] KIM D, PARK C, OH J, et al. Convolutional matrix factorization for document context-aware recommendation[C] // Proceedings of the 10th ACM Conference on Recommender Systems. ACM, 2016: 233-240.

[58] YAO Y Y. Measuring retrieval effectiveness based on user preference of documents[J]. Journal of the American Society for Information Science &

Technology, 2010, 46(2): 133-145.

[59] DATTA R, JOSHI D, LI J, et al. Image retrieval: ideas, influences, and trends of the new age [J]. ACM Computing Surveys, 2008, 40(2): 1-60.

[60] HIREMATH P S, PUJARI J. Content based image retrieval using color, texture and shape features [C] // 15th International Conference on Advanced Computing and Communications. IEEE, 2007: 780-784.

[61] 朱道广, 郭志刚, 赵永威. 基于空间上下文加权词汇树的图像检索方法 [J]. 模式识别与人工智能, 2013, 26(11): 1050-1056.

[62] ZHOU Z H, ZHANG M L, HUANG S J, et al. Multi-instance multi-label learning[J]. Artificial Intelligence, 2008, 176(1): 2291-2320.

[63] WU Q Y, NG M K, YE Y M. Markov-miml: a markov chain-based multi-instance multi-label learning algorithm [J]. Knowledge and Information Systems, 2013, 37(1): 83-104.

[64] MOHEDANO E, MCGUINNESS K, O'CONNOR N E, et al. Bags of local convolutional features for scalable instance search [J]. ACM, 2016, 327-331.

[65] SKOWRON M, TKAL M, FERWERDA B, et al. Fusing social media cues: personality prediction from Twitter and Instagram[C] // The 25th International Conference Companion on World Wide Web. Montréal: International World Wide Web Conferences Steering Committee, 2016: 107-108.

[66] SANG J T, XU C S, LU D Y. Learn to personalized image search from the photo sharing websites [J]. IEEE Transactions on Multimedia, 2011, 14(4): 963-974.

[67] LIU D, HUA X S, WANG M, et al. Boost search relevance for tag-based social image retrieval [C] // IEEE International Conference on Multimedia and Expo. New York: IEEE, 2009: 1636-1639.

[68] CHEUNG M, SHE J. Bag-of-features tagging approach for a better

recommendation with social big data；[C]//The 4th International Conference on Advances in Information Mining and Management. Berlin：Springer，2014：83-88.

[69] QIU Z W, ZHANG T W. Individuation image retrieval based on user multimedia data management model [J]. Acta Electronica Sinica，2008，36（9）：1746-1749.

[70] FAN J P, KEIM D A, GAO Y L, et al. JustClick：personalized image recommendation via exploratory search from large-scale flickr images [J]. IEEE Transactions on Circuits & Systems for Video Technology，2009，19（2）：273-288.

[71] YU J, TAO DC, WANG M, et al. Learning to rank using user clicks and visual features for image retrieval [J]. IEEE Transactions on Cybernetics，2015，45（4）：767-779.

[72] LI Z X, SHI Z P, LI Z Q, et al. A survey of semantic mapping in image retrieval [J]. Journal of Computer-Aided Design & Computer Graphics，2008，20（8）：1085-1096.

[73] ZHANG H W, ZHA Z J, YANG Y, et al. Attribute-augmented semantic hierarchy：towards bridging semantic gap and intention gap in image retrieval [C]//The 21st ACM International Conference on Multimedia. New York：ACM，2013：33-42.

[74] JAYECH K, MAHJOUB M A. New approach using Bayesian network to improve content based image classification systems [J]. International Journal of Computer Science Issues，2012，7（6）：53-62.

[75] KURTZ C, DEPEURSINGE A, NAPELS, et al. On combining image-based and ontological semantic dissimilarities for medical image retrieval applications [J]. Medical Image Analysis，2014，18（7）：1082-1100.

[76] LIN C, CHEN C, LEE H L, et al. Fast k-means algorithm based on a level histogram for image retrieval [J]. Expert Systems with Applications, 2014, 41(7): 3276-3283.

[77] DENG J, DONG W, SOCHER R, et al. Imagenet: a large-scale hierarchical image database[C] // 2009 IEEE Conference on Computer Vision and Pattern Recognition. Miami: IEEE Press, 2009: 248-255.

[78] KRIZHEVSKY A, SUTSKEVER I, HINTON G E. Imagenet classification with deep convolutional neural networks [J] Communications of the ACM, 2017,60(2):84-90.

[79] KARPATHY A, LI F F. Deep visual-semantic alignments for generating image descriptions [C] // IEEE Conference on Computer Vision and Pattern Recognition. Boston: IEEE Press, 2015: 3128-3137.

[80] XIA R K, PAN Y, LAI H J, et al. Supervised hashing for image retrieval via image representation learning[C] // The 28th AAAI Conference on Artificial Intelligence. Québec City: AAAI Press, 2014: 1-2.

[81] ZHAO F, HUANG Y Z, WANG L, et al. Deep semantic ranking based hashing for multi-label image retrieval[C] // IEEE Conference on Computer Vision and Pattern Recognition. Boston: IEEE Press, 2015: 1556-1564.

[82] LIU Y, ZHANG D S, LU G J, et al. A survey of content-based image retrieval with high-level semantics [J]. Pattern Recognition, 2007, 40(1): 262-282.

[83] SU J, HUANG W, YU P S, et al. Efficient relevance feedback for content-based image retrieval by mining user navigation patterns [J]. IEEE Transactions on Knowledge & Data Engineering, 2011, 23(3): 360-372.

[84] PAIK J H. A novel TF-IDF weighting scheme for effective ranking [C] //The 36th International ACM SIGIR Conference on Research and Development in

Information Retrieval. New York：ACM, 2013：343-352.

[85] WHISSELL J S, CLARKE C L. Improving document clustering using Okapi BM25 feature weighting [J]. Information Retrieval Journal, 2011, 14(5)：466-487.

[86] ZHANG J, ZHOU L, SHEN L S, et al. A personalized image retrieval based on user interest model [J]. International Journal of Pattern Recognition & Artificial Intelligence, 2010, 24(3)：401-419.

[87] ZHOU D, LAWLESS S, WADE V. Improving search via personalized query expansion using social media [J]. Information Retrieval, 2012, 15(3-4)：218-242.

[88] ZHANG Y, JIN R, ZHOU Z H. Understanding bag-of-words model：a statistical framework [J]. International Journal of Machine Learning & Cybernetics, 2010, 1(1)：43-52.

[89] TU N, DINH D L, RASEL M K, et al. Topic modeling and improvement of image representation for large-scale image retrieval [J]. Information Sciences, 2016, 366：99-120.

[90] SHEKHAR R, JAWAHAR C V. Word image retrieval using bag of visual words[C] // 2012 IEEE 10th IAPR International Workshop on Document Analysis Systems. New Jersey：IEEE Press, 2012：297-301.

[91] YANG J, JIANG Y G, HAUPTMANN A G, et al. Evaluating bag-of-visual-words representations in scene classification [C] // The International Workshop on Multimedia Information Retrieval. New York：ACM, 2007：197-206.

[92] LIU L. Contextual topic model based image recommendation system [C] // IEEE/WIC/ACM International Conference on Web Intelligence and Intelligent Agent Technology. New Jersey：IEEE Press, 2015：239-240.

[93] DENG J, BERG A C, LI F F. Hierarchical semantic indexing for large scale

image retrieval [C] // IEEE Conference on Computer Vision and Pattern Recognition. New Jersey: IEEE Press, 2011: 785-792.

[94] JIANG X, TAN A. Learning and inferencing in user ontology for personalized Semantic Web search [J]. Information Sciences, 2009, 179 (16): 2794-2808.

[95] WAN Ji, WANG D, HOI S C H, et al. Deep learning for content-based image retrieval: a comprehensive study [C] // The 22nd ACM International Conference on Multimedia. Orlando: ACM, 2014:157-166.

[96] GENG X, ZHANG H W, BIAN J W, et al. Learning image and user features for recommendation in social networks [C] // IEEE International Conference on Computer Vision. Kerkyra: IEEE Press, 2015: 4274-4282.

[97] LEI C Y, LIU D, LI W P, et al. Comparative deep learning of hybrid representations for image recommendations [C] // IEEE Conference on Computer Vision and Pattern Recognition. Las Vegas: IEEE Press, 2016: 2545-2553.

[98] BURDESCU D D, MIHAI C G, STANESCU L, et al. Automatic image annotation and semantic based image retrieval for medical domain [J]. Neurocomputing, 2013, 109(8): 33-48.

[99] KURTZ C, BEAULIEU C F, NAPELS, et al. A hierarchical knowledge-based approach for retrieving similar medical images described with semantic annotations [J]. Journal of Biomedical Informatics, 2014, 49(C): 227-244.

[100] KOVASHKA A, GRAUMAN K. Attribute pivots for guiding relevance feedback in image search[C] // IEEE International Conference on Computer Vision. Las Vegas: IEEE Press, 2013: 297-304.

[101] TONG S, CHANG E. Support vector machine active learning for image retrieval [C] // The 9th ACM International Conference on Multimedia. New

York：ACM，2001：107-118.

[102] RAJENDRAN P，MADHESWARAN M. Hybrid medical image classification using association rule mining with decision tree algorithm ［J］. Computer Science，2010，3(10)：127-136.

[103] 杨恒宇，李慧宗，林耀进，等. 协同过滤中有影响力近邻的选择 ［J］. 北京邮电大学学报，2016，39(1)：29-34.

[104] ZHAO S W，DU N，NAUERZ A，et al. Improved recommendation based on collaborative tagging behaviors ［C］// The 13th International Conference on Intelligent User Interfaces. New York：ACM，2008：413-416.

[105] SARWAR B，KARYPIS G，KONSTANJ，et al. Item-based collaborative filtering recommendation algorithms ［C］// The 10th International Conference on World Wide Web. New York：ACM，2001：285-295.

[106] ZHOU K，YANG S H，Zha Hongyuan. Functional matrix factorizations for cold-start recommendation ［C］// The 34th International ACM SIGIR Conference on Research and Development in Information Retrieval. New York：ACM，2011：315-324.

[107] THORAT P B，GOUDAR R M，Barve S. Survey on collaborative filtering，content-based filtering and hybrid recommendation system［J］. International Journal of Computer Applications，2015，110(4)：31-36.

[108] MA Z Y，LEIJON A. A model-based collaborative filtering method for bounded support data ［C］// IEEE International Conference on Network Infrastructure and Digital Content. Beijing：IEEE Press，2012：545-548.

[109] FERNÁNDEZ-TOBÍAS I，BRAUNHOFER M，ELAHI M，et al. Alleviating the new user problem in collaborative filtering by exploiting personality information ［J］. User Modeling and User-Adapted Interaction，2016，26(2-3)：1-35.

[110] YANG C F, ZHOU Y P, CHEN L, et al. Social-group-based ranking algorithms for cold-start video recommendation [J]. International Journal of Data Science & Analytics, 2016, 1(3-4):165-175.

[111] CANDILLIER L, MEYER F, BOULL M. Comparing state-of-the-art collaborative filtering systems [C] // International Workshop on Machine Learning and Data Mining in Pattern Recognition. Berlin Heidelberg: Springer, 2007: 548-562

[112] SANCHEZ F, BARRILERO M, URIBE S, et al. Social and content hybrid image recommender system for mobile social networks [J]. Mobile Networks & Applications, 2012, 17(6): 782-795.

[113] LEKAKOS G, CARAVELAS P. A hybrid approach for movie recommendation [J]. Multimedia Tools & Applications, 2008, 36(1-2): 55-70.

[114] WIDISINGHE A, RANASINGHE D, KULATHILAKA K, et al. picSEEK: Collaborative filteringfor context-based image recommendation [C] // Fifth International Conference on Information and Automation for Sustainability. 2010: 225-232.

[115] LIU X M, TSAI M H, HUANG T. Analyzing user preference for social image recommendation [EB/OL]. (2016-10-24) [2021-10-25]. https://arxiv.org/abs/1604.07044.

[116] HOFFMAN M D, BLEI D M, BACH F. Online learning for Latent Dirichlet Allocation[C] // International Conference on Neural Information Processing Systems. 2010:856-864.

[117] CLAUSET A, NEWMAN M E J, MOORE C. Finding community structure in very large networks[J]. Physical review E, 2004, 70(6): 066111.

[118] YANG J, MCAULEY J, LESKOVEC J. Detecting cohesive and 2-mode

communities in directed and undirected networks[C] // ACM International Conference on Web Search and Data Mining. ACM, 2014:323-332.

[119] ZHANG H, GANCHEV I, NIKOLOV NS, et al. A trust-enriched approach for item-based collaborative filtering recommendations[C] //2016 IEEE 12th International Conference on Intelligent Computer Communication and Processing (ICCP). IEEE, 2016: 65-68.

[120] ZHANG L, TU W. Six degrees of separation in online society [J]. Proceeding of the Web Science, 2009: 1-5.

[121] RENDLE S, FREUDENTHALER C, GANTNER Z, et al. BPR: Bayesian personalized ranking from implicit feedback[C] // Proceedings of the Twenty-Fifth Conference on Uncertainty in Artifical Intelligence. 2009:452-461.

[122] KROHN-GRIMBERGHE A, DRUMOND L, FREUDENTHALER C, et al. Multi-relational matrix factorization using bayesian personalized ranking for social network data [C] // Proceedings of the fifth ACM international conference on Web search and data mining. 2012: 173-182.

[123] LE Q, MIKOLOV T. Distributed representations of sentences and documents [C] // International conference on machine learning. 2014: 1188-1196.

[124] AKAHO S. A kernel method for canonical correlation analysis [J]. ArXiv, 2016 DOI:10.48550/arXiv. cs/0609071.

[125] BLASCHKO M B, LAMPERT C H. Correlational spectral clustering [C] // 2008 IEEE Conference on Computer Vision and Pattern Recognition. IEEE, 2008: 1-8.

[126] INDIA M. Cluster canonical correlation analysis [C] // International Conference on Artificial Intelligence and Statistics. 2014: 823-831.

[127] ANDREW G, ARORA R, BILMES J, et al. Deep canonical correlation analysis [C] // International Conference on Machine Learning. 2013:

1247-1255.

[128] RUSSAKOVSKY O, DENG J, SU H, et al. ImageNet large scale visual recognition challenge [J]. International Journal of Computer Vision, 2015, 115(3): 211-52.

[129] KRIZHEVSKY A, SUTSKEVER I, HINTON G E. ImageNet classification with deep convolutional neural networks [C] // Advances in neural information processing systems. 2012: 1097-1105.

[130] KARPATHY A, FEI-FEI L. Deep visual-semantic alignments for generating image descriptions [J]. IEEE Transactions on Pattern Analysis & Machine Intelligence, 2016, 39(4): 664-676.

[131] RUMELHART D E, HINTON G E, WILLIAMS R J. Learning representations by back-propagating errors [J]. Nature, 1986, 323(6088): 533-536.

[132] LECUN Y, BOTTOU L, BENGIO Y, et al. Gradient-based learning applied to document recognition [J]. Proceedings of the IEEE, 1998, 86(11): 2278-2324.

[133] GLOROT X, BORDES A, BENGIO Y. Deep sparse rectifier neural networks [C] // Proceedings of the Fourteenth International Conference on Artificial Intelligence and Statistics. 2011: 315-323.

[134] HE K, ZHANG X, REN S, et al. Delving deep into rectifiers: surpassing human-level performance on ImageNet classification [J]. International Conference on Computer Vision, 2015: 1026-1034.

[135] HINTON G E, SRIVASTAVA N, KRIZHEVSKY A, et al. Improving neural networks by preventing co-adaptation of feature detectors [J]. Computer Science, 2012, 3(4): 212-223.

[136] HE K, ZHANG X, REN S, et al. Deep residual learning for image

recognition [C] // Proceedings of the IEEE conference on computer vision and pattern recognition. 2016: 770-778.

[137] NGIAM J, KHOSLA A, KIM M, et al. Multimodal deep learning [C] // Proceedings of the 28th international conference on machine learning (ICML-11). 2011: 689-696.

[138] SRIVASTAVA N, SALAKHUTDINOV R. Multimodal learning with deep Boltzmann machines [C] // Advances in neural information processing systems. 2012: 2222-2230.

[139] WANG K, YIN Q, WANG W, et al. A comprehensive survey on cross-modal retrieval [J]. arXiv: Multimedia, 2016. DOI: 10.48550/arXiv: 1607. 06215, 2016.

[140] XU R, XIONG C, CHEN W, et al. Jointly modeling deep video and compositional text to bridge vision and language in a unified framework [C] // AAAI. 2015: 2346-2352.

[141] WANG D, CUI P, OU M, et al. Deep multimodal hashing with orthogonal regularization [C] // IJCAI. 2015, 367: 2291-2297.

[142] ZHANG J, PENG Y, YUAN M. Unsupervised generative adversarial cross-modal hashing [C] // AAAI, 2018. DOI: 1048850/arXiv: 1712. 00358, 2017.

[143] CAO Y, LONG M, WANG J, et al. Deep visual-semantic hashing for cross-modal retrieval [C] // Proceedings of the 22nd ACM SIGKDD International Conference on Knowledge Discovery and Data Mining. ACM, 2016: 1445-1454.

[144] SHEN Y, LIU L, SHAO L, et al. Deep binaries: Encoding semantic-rich cues for efficient textual-visual cross retrieval [C] // Computer Vision (ICCV), 2017 IEEE International Conference on. IEEE, 2017:

4117-4126.

[145] DATAR M, IMMORLICA N, INDYK P, et al. Locality-sensitive hashing scheme based on p-stable distributions [C] // Proceedings of the twentieth annual symposium on Computational geometry. ACM, 2004: 253-262.

[146] BRONSTEIN M M, BRONSTEIN A M, MICHEL F, et al. Data fusion through cross-modality metric learning using similarity-sensitive hashing [C] // Computer Vision and Pattern Recognition (CVPR), 2010 IEEE Conference on. IEEE, 2010: 3594-3601.

[147] DING G, GUO Y, ZHOU J. Collective matrix factorization hashing for multimodal data [C] // Proceedings of the IEEE Conference on Computer Vision and Pattern Recognition. 2014: 2075-2082.

[148] LIN Z, DING G, HU M, et al. Semantics-preserving hashing for cross-view retrieval [C] // Proceedings of the IEEE Conference on Computer Vision and Pattern Recognition. 2015: 3864-3872.

[149] SALAKHUTDINOV R, HINTON G. Semantic hashing [J]. International Journal of Approximate Reasoning, 2009, 50(7): 969-978.

[150] ZHAO F, HUANG Y, WANG L, et al. Deep semantic ranking based hashing for multi-label image retrieval [J]. 2015, 1556-1564.

[151] LIN K, YANG H, HSIAO J, et al. Deep learning of binary hash codes for fast image retrieval [C] // Computer Vision and Pattern Recognition Workshops (CVPRW), 2015 IEEE Conference on. IEEE, 2015: 27-35.

[152] ZHANG R, LIN L, ZHANG R, et al. Bit-Scalable deep hashing with regularized similarity learning for image retrieval and person re-Identification [J]. IEEE Transactions on Image Processing, 2015, 24(12): 4766-4779.

[153] JIANG Q, LI W. Deep cross-modal hashing [C]. // 2017 IEEE Conference on Computer Virsion and Pattern Recognition, 2017: 3270-3278.

160202255, 2016.

[154] YANG E, DENG C, LIU W, et al. Pairwise relationship guided deep hashing for cross-modal retrieval [C] // AAAI. 2017: 1618-1625.

[155] BOUTELL M R, LUO J, SHEN X, et al. Learning multi-label scene classification [J]. Pattern Recognition, 2004, 37(9): 1757-1771.

[156] ZHANG M L, ZHOU Z H. ML-KNN: A lazy learning approach to multi-label learning [J]. Pattern Recognition, 2007, 40(7): 2038-2048.

[157] BRINKER K. Multilabel classification via calibrated label ranking [J]. Machine Learning, 2008, 73(2): 133-153.

[158] GHAMRAWI N, MCCALLUM A. Collective multi-labeltext classification [J]. 2005: 195-200.

[159] QI G J, HUA X S, RUI Y, et al. Correlative multi-label video annotation [C] // Proceedings of the 15th ACM international conference on Multimedia. ACM, 2007: 17-26.

[160] CHENG W, HÜLLERMEIER E. Combining instance-based learning and logistic regression for multilabel classification [J]. Machine Learning, 2009, 76(2-3): 211-225.

[161] JI S, TANG L, YU S, et al. Extracting shared subspace for multi-label classification [C] // Proceedings of the 14th ACM SIGKDD international conference on Knowledge discovery and data mining. ACM, 2008: 381-389.

[162] KEIKHA M, HASHEMI S. Ordered classifier chains for multi-label classification [J]. Journal of Machine Intelligence, 2016. DOI:10. 21174/ jomi. v1i1. 23.

[163] HARDOON D R, SZEDMAK S, SHAWE-TAYLOR J. Canonical correlation analysis: an overview with application to learning methods [J]. Neural Computation, 2014, 16(12): 2639-2664.

[164] WANG D, GAO X, WANG X, et al. Semantic topic multimodal hashing for cross-media retrieval [C] // IJCAI. 2015: 3890-3896.

[165] LIU W, KUMAR S, KUMAR S, et al. Discrete graph hashing [C] // Advances in Neural Information Processing Systems. 2014: 3419-3427.

作者简介

冀振燕 北京交通大学软件学院副教授,博士生导师,CCF理论计算机专委会委员。主要研究领域为人工智能、软件服务工程、图像处理、分布式系统等。主持多项国家级、省部级、企业横向科研项目,目前已发表学术论文50余篇,出版书籍4部,授权发明专利3项,荣获省部级奖励3项。

刘吉强 教授,博士生导师,北京交通大学软件学院院长,智能交通数据安全与隐私保护北京市重点实验室常务副主任。主要研究领域为隐私保护、可信计算、云计算和物联网安全等。主持或参加国家、省部级等项目多项,国家重点研发计划项目负责人。发表论文160余篇,其中SCI/EI检索100余篇,获授权专利10余项,软件著作登记权5项,编/译著2部。

冯其波 教授,博士生导师。中国仪器仪表学会光机电技术与系统集成分会副理事长、设备结构健康监测与预警分会副理事长、中国计量测试学会计量仪器专业委员会副主任委员、中国光学工程理事。主要研究领域为光电检测。主持国家自然科学基金重大科研仪器研制项目、重点项目、国家863项目等,发表论文150余篇,授权发明专利50余项,获得省部级科技成果奖一等奖2项,二等奖1项。

何世伟 教授、博士生导师,北京交通大学交通运输学院副院长,主要研究领域为智能交通系统等。主持国家自然科学基金项目、教育部霍英东基金项目、铁道部项目等共计30余项,参加国家863计划项目、国家自然科学基金项目、科技部重大科技项目等20余项;发表学术论文100余篇;编写出版《铁路运输组织学》《运输组织学》《交通港站与枢纽》等教材。